KB109408

# 나는 생각이 너무 많아

## 생존편

**Je pense mieux:**
**Vivre heureux avec un cerveau bouillonnant, c'est possible!**
de Christel Petitcollin

Copyright ⓒ Guy Trédaniel Éditeur, 2015
Korean Translation Copyright ⓒ Bookie Publishing House, 2016
This Korean edition published by arrangement with Guy Trédaniel Éditeur
through Shinwon Agency, Seoul.

이 책의 한국어판 저작권은 신원에이전시를 통해
프랑스 Guy Trédaniel 출판사와 독점 계약한 부키(주)에 있습니다.
저작권법에 의해 한국 내에서 보호를 받는 저작물이므로 무단 전재 및 무단 복제를 금합니다.

# 나는 생각이 너무 많아

생존편

크리스텔 프티콜랭 지음
이세진 옮김

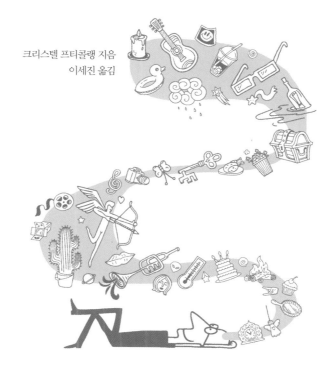

부·키

지은이 크리스텔 프티콜랭(Christel Petitcollin)은 신경언어학, 에릭슨 최면요법, 교류분석 등을 공부하고 심리치료사, 자기계발 강사, 작가로 활동하고 있다. 인간관계에 특히 관심을 갖고 20년 이상 모든 종류의 인간관계에서 나타나는 심리적 조종을 다루어 왔다. 『나는 생각이 너무 많아(Je pense trop)』 『나는 왜 그에게 휘둘리는가(Échapper aux manipulateurs)』 『귀 기울이는 법을 배우라(Apprenez à écouter)』 등을 출간했다. 프랑스 국영방송 및 지역방송에 출연하고 여러 매체에 칼럼을 쓰는 등 활발한 활동을 통해 독자와 청중을 만나고 있다.

옮긴이 이세진은 서강대학교 철학과와 같은 학교 대학원 불어불문학과를 졸업했다. 크리스텔 프티콜랭의 『나는 생각이 너무 많아』와 『나는 왜 그에게 휘둘리는가』를 비롯해 『유혹의 심리학』 『나르시시즘의 심리학』 『나라서 참 다행이다』 『내 안의 어린 아이』 등 심리학 관련 서적을 여러 권 우리말로 옮겼다.

## 나는 생각이 너무 많아: 생존편

2016년 3월 18일 초판 1쇄 발행 | 2024년 10월 31일 초판 15쇄 발행

지은이 크리스텔 프티콜랭 | 옮긴이 이세진
펴낸곳 부키(주) | 펴낸이 박윤우
출판신고 2012년 9월 27일
주소 서울시 마포구 양화로 125 경남관광빌딩 7층
전화 02) 325 - 0846 | 팩스 02) 325 - 0841
홈페이지 www.bookie.co.kr | 이메일 webmaster@bookie.co.kr
ISBN 978-89-6051-541-3 03180

잘못된 책은 구입하신 서점에서 바꿔 드립니다.

**1부** 아무리 생각해 봐도
생각이 너무 많아요!

**2부** 틀린 게 아니라 다를 뿐,
정신적 과잉 활동 깊이 이해하기

# 생각 많은 당신의 고민에
# 답해 드립니다

친애하는 독자 여러분께

편지 형식의 책이랄까, 대화체 책이랄까, 아무튼 이렇게 전작을 이미 접한 독자들이 많은 책을 쓰기는 처음입니다. 많은 분이 『나는 생각이 너무 많아』를 좋아해 주셨고 후속작을 기대한다고 이야기해 주셨지요. 이전 책들과는 성격이 조금 다른 책을 쓰고 있노라니 흥분되기도 하고 두렵기도 하고 기분이 묘합니다.

나는 하고 싶은 얘기가 참 많고, 그 얘기가 여러분에게 도움이 되기를 바랍니다. 하지만 여러분을 잘 알기 때문에 하는 말인데요, 기대치가 높고, 호기심이 왕성하며, 안목이 예리한 여러분은 내가 제시하는 자료를 하나도 허투루 넘기지 않을 겁니다. 이 책이 처음에는 여러분의 갈증을 잠시 달랠지 몰라도 머지않아 새로운 의문, 더 날카롭게 파고드는 의문을 산더미처럼 불러일으키리라 생각합니다. 여러분의 감수성도 이에 부응할 테지요. 이 책을 쓴다는 것은 그래서 내게 대단한 도전입니다.

『나는 생각이 너무 많아』를 출간한 것은 아주 특별한 경험이었습니다(지금도 그렇습니다만). 내가 발표한 책 중에서 이메일, 인터넷 게시물, 문자 메시지, 편지가 그렇게 쇄도한 책은 없었어요. 출간 이후로 매주 평균 10건 이상의 피드백을 받았지요. 독자 여러분의 감상, 의견, 질문이 쌓이고 쌓여 지금은 그 분량과 내용이 책 자체를 뛰어넘을 정도가 되었습니다.

이 사실만으로도 독자 여러분에게 얼마나 감사한지 모릅니다. 일부러 시간을 내어 감상과 의견을 전해 주신 모든 분께 감사드립니다. 편지에 일일이 답장을 하지 못한 점 양해해 주세요. 하나하나 답장을 쓸 수 없을 만큼 어마어마한 양의 편지를 받았거든요. 도착한 이메일을 겨우 다 읽었다 싶으면 어느새 새로운 이메일이 도착해 다음 페이지로 넘어가 있기 일쑤였지요. 『나는 생각이 너무 많아』를 포함해서 내가 쓴 책에 대해서 온 편지와 이메일은 빠짐없이 읽지만 그토록 많은 사연, 방대한 글을 모두 소화하고 답변하는 것은 불가능했습니다. 여러분에게나, 나 자신에게나 실로 안타까운 노릇이지만요.

여러분은 따뜻한 애정을 담아 나에게 열광과 감사를 보여 주었습니다. 어떤 분들은 "친애하는 크리스텔"이라고 부르며 나를 껴안고 볼에 입맞춤을 하기도 했지요. 나를 붙잡고 괴로움을 토로하는 분도 많았습니다. "오랫동안 끙끙 앓으며 힘들어하기만 했는데 이제야 나라는 사람이 왜 이런지 알 것 같아요!"

어떤 이메일들은 절망의 깊이를 그대로 보여 주는 것 같아 가슴이 아팠습니다. "한때 자살까지 생각했는데 선생님 덕분에 마음을 고쳐먹었어요!" 정말로 이렇게 쓴 분들이 있었습니다. 여러분은 살면서 겪은 일, 그에 대한 추론, 끊임없이 뻗어 나가는 생각을 (가끔은 몇 페이지에 걸쳐) 나와 공유해 주었고 셀 수 없이 많은 질문을 퍼부었지요.

실제로 나를 찾아와서 책의 내용을 초석 삼아 상담치료를 진행한 독자들도 있습니다. 책을 읽고 자기 자신에 대해서 알게 된 바를 활용하여 자신의 심리기제를 좀 더 깊이 탐구했어요. 우리는 함께 이런저런 가설을 세우고 검증했지요. 그럴 때면 여러분은 남다른 창의성으로 나를 여러 번 놀라게 했습니다. 때로는 자기 자신에 대해 알게 된 것을 건설적으로 활용하는 태도가 경이롭기까지 했습니다. 이 말을 꼭 해야겠네요. 여러분과 함께 치료를 진행하면서 여러분의 뇌가 어떻게 기능하는지 파악해 가는 이 작업이 나는 무척 즐겁답니다!

한편으론 무슨 자격으로 정신적 과잉 활동을 다루는 거냐고 내게 따지는 독자들도 있었습니다. 아마도 뇌를 해부해서 정신적 과잉 활동과 관련된 뉴런, 유전자, DNA 염기서열 따위를 콕 집어낸 사람 정도는 되어야 자격이 있다고 생각하는 것 같아요. 그들은 생각이 많은 사람과 그렇지 않은 사람을 이론의 여지 없이 딱 떨어지게 구분하는 검사를 원할 겁니다. 그들은 나를 경계하는 눈으로 바라보곤 했습니다. 어떻게 대화 한 번으로, 혹은 몇 마디 말로 보통 사람들과는 생각하는 방식이 다르다고 판단할 수 있다는 거야?

이런 식으로 설명하려니 나도 난감하지만, 탁구공처럼 이쪽에서 저쪽으로 생각이 튀는 사람은 대개 말 한마디만 들어도 표가 나기 마련이지요. 도토리를 들이밀며 그 도토리가 상수리나무에서 떨어진 게 맞는지 증명하라고 따지는 사람에게 식물학자는 뭐라고 설명을 할까요? 내가 이따금 느끼는 난감한 기분이 바로 그와 비슷합니다.

그렇다면, 내가 무슨 정당한 자격이 있어서 이 주제를 다루는 걸까요?

그런 자격 따위는 없어요. 오히려 그렇기 때문에 내가 다른 방식으로 접근할 수 있었을 겁니다. 내 전문 분야는 자기계발과 커뮤니케이션입니다. 사람들을 그들이 타인과 나누는 상호작용을 통해 연구할 뿐, 그 무엇에도 '질병' 딱지는 붙이지 않아요.


『나는 생각이 너무 많아』의 바탕이 된 작업에서도 경청, 관찰, 자료 조사가 최우선이었고, 그다음으로 자료의 분석, 분류, 확인을 거쳐, 마지막으로 이를 종합했습니다. 이렇게 답변의 방향을 염두에 두지 않고 정보를 충실히 수집하는 조사 방법을 사회학자들은 '질적 조사'라고 부르지요. 그러니 나는 20년간 매일같이 질적 조사를 해 왔다고 말할 수 있습니다.

사실, 『나는 생각이 너무 많아』의 진정한 저자는 여러분입니다. 여러분이 첫 페이지부터 마지막 페이지까지 '이건 내 얘기구나' 하고 생각했던 이유도 그 때문이고요.

이번에도 나는 여러분을 경청했고, 관찰했고, 조사했습니다. 넘쳐나는 여러분의 이메일을 더 많이 연구했고, 여러분의 넘치는 의문에 귀를 기울였으며, 여러분이 무엇을 걱정하는지 파악했고, 해결책을 고민하면서 여러분을 만났습니다. 자료 조사도 꼼꼼하게 했습니다. 이 새로운 책도 상당 부분 여러분이 쓴 셈이에요. 여러분은 적극적으로 열심히 일하는 공저자가 되어 주었지요. 깊이 감사드립니다.

그 어떤 책보다 여러분의 기여가 컸던 만큼 여러분에게 놀라움을 선사하고 싶습니다. 여러분이 지금까지 접하지 못했던 생각의 실마리들을 제시하고 싶네요. 나는 정신적 과잉 활동을 다룬 여느 책이나 논문과는 자못 다른 길로 여러분을 인도할 생각입니다. 자폐증, 잃어버린 쌍둥이, 샤머니즘, 양자물리학 등 아주 다양한 실마리로 이야기를 풀어 나갈 수 있을 것 같습니다. 관심 있는 독자들은 참고문헌에서 소개하는 책을 읽어 보기 바랍니다. 여기서 제시한 내용을 더욱 깊고 넓게 생각해 볼 수 있을 테니까요.

과도한 감수성, 직장에서의 인간관계, 연애 등 나는 여러분이 묻는 질문에 답할 겁니다. 그뿐 아니라 금전 문제, 피할 수 없는 사회적 의무, 사람들과의 교류에 꼭 필요한 상호성, 그 밖에도 여러분이 잊고 있었던 여러 의문도 다뤄 보려 합니다.

늘 그래 왔듯이 일관성을 가지려고 노력했고, 이제 여러분에게 이 길로 나를 잘 따라와 주기를 부탁드립니다. 여러분 중 몇몇은 엉뚱한 방향으로 갈 게 뻔하지만요.

그렇다 해도, 무엇보다 나를 믿고 지금 이 새로운 책을 읽고 있을 여러분에게 다시 한 번 감사드립니다. 하고 싶은 말이 많으니 더 지체하지 않을게요. 자, 출발합니다!

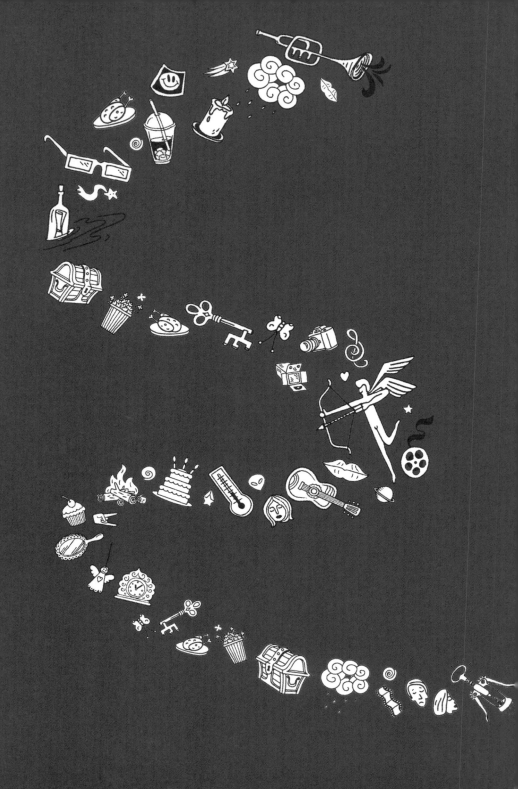

# 1부

# 아무리 생각해 봐도
# 생각이 너무 많아요!

# 1장

## 생각이 많은 독자들의 편지

프티콜랭 선생님께,

이렇게 직접 편지를 보내게 되다니 정말 기뻐요!

저는 스물네 살입니다. 아주 어렸을 때부터 "넌 생각이 너무 많아 탈이야."라는 말을 밥 먹듯 들었어요. 그때마다 사람들에게 이해받지 못한다는 느낌, 나한테 정신적으로 문제가 있을지도 모른다는 의심이 들었지요.

순전히 재미 삼아 『나는 생각이 너무 많아』를 샀다가 홀딱 빠져 버렸습니다! 무슨 계시라도 받은 기분이었죠. 선생님의 분석을 읽으면 읽을수록 전부 저 들으라고 하는 말 같았어요. 믿을 수가 없었죠. 주변 사람들에게도 책 이야기를 엄청 했습니다. 선생님 말마따나 이 "침범하는 정신"을 '정신적 과잉 활동'이라고 이름 붙일 수 있게 된 것만으로도 너무 좋았어요.

주변 사람들의 반응은 뚜렷하게 갈리더군요. 자기분석을 즐기고 '자기에 대해서 생각할' 줄 아는 사람들에게는 제 선전이 잘 먹혔지만, 아주 실용적인 사람들은 "그런 책은 행운의 별점하고 똑같지. 누가 읽어도 조금은 자기 얘기 같은 구석이 있어서 괜히 이해받은 것 같은 기분이 드는 거라고. 사이비가 아닌 건 확실해?"라는 말밖에 하지 않았죠. 왠지 선생님은 이 글을 읽으면서 웃고 있을 것 같네요.

책을 읽은 뒤 몇 달 동안 계속 생각했어요. '바로 이거야, 이거였어. 한동안 억압하려고만 했던 내 성격의 특징을 이제야 제대로 알았어.' 제가 그간 맞닥뜨렸던 몇몇 반응을 생각하면 그럴 수밖에 없었어요. 뭐랄까, 항상 저만 다른 별에서 온 것 같았거든요. 그런데 갑자기 같은 별 사람들을 만난 기분이었죠.

다만, 지금 돌이켜 보니 제가 지나치게 흥분해 있지 않았나 싶기도 해요. 이렇게 대꾸하는 사람들이 꽤 있었거든요. "나도 생각은 쉴 새 없이 하는데? 생각이 멈춰 버렸으면 좋겠다 싶을 때가 얼마나 많은지 몰라!"

그렇다면 세 가지 가설을 세워 볼 수 있겠지요.

- 제가 논지를 제대로 설명하지 못했거나
- 그 사람들 역시 정신적 과잉 활동인이거나(이 가설엔 의심이 가네요. 정신적 과잉 활동인이 그렇게까지 많을 것 같진 않거든요.)
- 저는 정신적 과잉 활동인이 아닌데 선생님 책을 잘못 해석해서 제 얘기라고 멋대로 생각해 버렸는지도 모르죠.

또 하나 말하고 싶은 게 있어요. 스스로 '정신적 과잉 활동인'이라고 선언하고 나니 처음에는 드디어 이해받았다, 나만 그런 게 아니다, 라는 안도감이 들었지만, 제 지적 능력을 과대평가하는 잘못을 범하게 되더군요. 그렇잖아도 저는 남들을 살짝 깔보는 경향이 있어서 이 문제점을 조금씩 고쳐 보려고 늘 노력하고 있어요. 하지만 선생님 책에서 깨달음을 얻고 나니 머리로는 그러지 말아야 한다는 걸 알면서도 잘 안 되더라고요.

제가 깐깐한 새침데기일 거라고 생각하진 마세요. 저는 오히려 너그럽고 이타적인 편이랍니다. 남들의 행복에 (좀 지나칠 정도로) 마음을 쓰는 사람이죠. 하지만 남들을 깔보는 저 자신의 나쁜 점에 대해서 말하는 건 결국 제 삶에서 지적이지 못한 사람을 배척한다는 얘기를 하는 셈입니다.

저는 (가방끈과는 상관없지만) 웬만큼 재기가 있는 사람만 상대하죠. 그 밖의 사람들과 사귀려고 애쓰는 건 시간 낭비라고 생각해요. 그들은 제가 보여 주려고 노력한 바를(노력은 해 봤답니다, 믿어 주세요!) 어차피 이해 못할 거예요. 아예 이해의 '여지'가, 세계에 대한 성찰이나 분석 감각 자체가 없는 것 같은데 어쩌겠어요. 게다가 세상에는 호기심 많고 그 자신도 호기심을 자아내는 사람이 널렸어요. 더불어 나눌 수 있는 것도 널렸잖아요.

이런 이야기를 주변 사람들에게 하면 합리적이기 그지없는 그들은 이렇게 말합니다. "와! 대단하셔! 어릴 때 춤 좀 추면서 놀았나 봐? 히피들이나 하는 소리를 하고 있네, 잘났어 정말!"

고맙기도 하지요!

입 열어 봤자 헛소리로 치부당할 뿐입니다. 그래서 저는 조개처럼 입을 꼭 다물고 저 사람들 말이 맞나 보다 생각하며 살아왔어요. 하지만 그건 선생님 책을 읽기 전의 일입니다. 지금은 제가 그런 '평범한' 사람들보다 한결 앞서 있는 기분이 들어요.

선생님은 영재성과 감성지수(EQ)도 다루셨지요. 저도 감성지수 검사를 받아보고 싶어요. 어릴 때부터 뭔가를 "특별하게" 느낀다든가, "머리가 아주 좋다."라는 말을 자주 들었어요. 언젠가는 지능지수(IQ) 검사 문항을 살펴보다가 갑자기 흥미가 확 식어 버린 적이 있어요. 벽을 마주보는 것처럼 답답했어요. 이 벽에 내가 나가떨어지겠구나, 하고 일찌감치 감이 오더라고요!

선생님도 아시다시피 지능지수 검사는 합리성을 따지는 논리 문항, '수학 나부랭이' 문항으로 이루어져 있어요. 그런데 저는 논리, 추론, 숫자라면 아주 질색이에요(일상생활에서 수학이 차지하는 자리가 뻥 뚫려 있다고 해도 과언이 아닐 정도로요. 과장이 아니라 저는 수를 제대로 세지도 못해요). 그 대단한 지능지수 검사지를 보면서 생각했죠. '이런 걸 풀어야 머리가 좋다고 하는 거였어? 그럼 나는 글러 먹었구나.'

저는 크게 좌절했어요. 내심 저 자신에게 뭔가 특별한 데가 있다고 생각해 왔으니까요.

제가 정신적 과잉 활동인이라고 생각하게 된 근거는 대략 다음과 같아요.

– 정말로 한시도 쉬지 않고, 지나치게 생각을 많이 합니다. 아침에 일어나서 잠자리에 들 때까지, 여러 영역을 넘나드는 질문들을 수시로 동

시에 떠올리곤 해요. 마치 인터넷에서 여러 개의 새 창이 한꺼번에 뜨는 것 같다고 할까요. 이따금 너무 많은 생각에 저 자신이 진저리를 치기도 합니다.

– 남들에게 감정을 심하게 이입해요. 누군가의 불행한 사연을 들으면 가슴에 뭐가 콕 맺힌 것처럼 답답하고 도무지 남의 일 같지 않아요. 가끔은 집에 돌아와서도 다른 사람 문제를 어떻게 해결할 수 있을지 시간 가는 줄 모르고 고민합니다. 최악은 가끔 내가 당사자보다 더 깊이 관여하고 만다는 거예요. 게다가 내가 문제를 해결할 수 있다고, 나밖에 해결할 사람이 없다고 진심으로 믿어 버려요. 그 사람을 도우려고 나서지 않으면 정말로 병이 날 것처럼 끙끙 앓고 무서운 죄책감에 시달리죠. 자기중심주의의 극치일까요?

– 처음 만나는 자리에서(혹은 그 이후에도) 사람을 머리부터 발끝까지 눈에 담습니다. 보자마자 바로 '스캔'에 들어가서 저 혼자 속으로 우스꽝스러운 질문들을 떠올립니다.

'음, 손가락에 반지를 꼈던 자리만 하얗구나. 어디로 여행을 갔기에 저렇게 탔을까? 하지만 지금은 3월인데 어디서 일광욕을 즐겼담? 해외여행을 다녀올 형편이 되나 봐. 그런데 왜 반지를 뺐지? 그냥 멋으로 끼는 반지였을까, 결혼반지였을까? 이혼을 했나? 어쩌면 배우자와 사별을 했을지도 모르지. 이혼이면 어느 쪽에서 먼저 헤어지자고 했을까? 이유가 뭘까? 어쩌면 저 여자는 요즘 굉장히 힘든 시기를 보내고 있는지도 몰라.'

이 모든 질문이 1분도 안 되는 동안 번개처럼 떠오르죠. 정중하게 악수를 나누고 내 소개를 하면서도 머릿속으로는 이런 생각을 하는 거예요.

물론, 그 밖에도 수없이 많은 예를 들 수 있습니다. 가끔은 이런 의문들이 제멋대로 밀려오는 느낌을 참을 수 없어서 나 자신에게 마구 소리를 지르고 싶어집니다. '이제 그만해, 더는 이런 식으로 못 살아, 지겨워 죽겠어!' 선생님 책을 읽고 나서는 많이 나아졌어요. 감정을 웬만큼 모으고 정리할 수 있게 됐거든요. 그러지 않았다면 전 미쳐 버렸을 거예요.

(…)

프티콜랭 선생님, 긴 글을 읽어 주셔서 고맙습니다. 저를 정말로 도와줄 수 있는 사람에게 속을 털어놓으니 얼마나 마음이 편한지 모르겠어요.

하시는 일이 다 잘되기를 빌며, 다시 한 번 제 글을 읽어 주신 데 감사드려요.

마음을 담아,

아멜리 드림


아멜리의 이메일은 독자 편지를 대표하는 유형으로, 독자들이 보통 내게 말하고 싶어 하는 내용을 모두 담고 있다. 여러분도 내게 편지를 쓴다면 이와 비슷한 내용이 되지 않을까? 게다가 이 편지는 내용뿐만 아니라 분량도 내가 받은 독자 편지의 평균치에 해당한다. 이제 독자 이메일을 다 읽는 것도 보통 일이 아니었다는 내 말이 이해가 갈 것이다.

어떤 독자들은 아주 솔직담백하게 털어놓곤 했다. "주제가 주제이니만큼, 대여섯 줄 정도로 간략하게 이야기하지 못하더라도 이해해 주시겠지요." "생각이 너무 많고, 말이 너무 많다고 구구절절 적고 보니 정말 죄송합니다. 선생님 시간을 빼앗는 것 같아서 짧게 써야지 다짐했는데 뜻대로 되지 않네요. 그러니 여기서 이만 줄이겠습니다!"

간혹 열 페이지가 넘어가는 이메일이 다음과 같이 마무리되어, 받는 사람 입장에서는 솔직히 이게 뭔가 싶기도 했다. "선생님이 답장을 보내실지, 아니 제 글을 읽기나 하실지 잘 모르겠군요. 어쨌든 제가 느끼는 바를 글로 써 내려가니 기분은 좋네요."

가끔은 독자 편지에 살짝 기분이 상하기도 한다. 가령, 어떤 독자는 앞부분만 읽고 마구 흥분해서 어차피 책을 끝까지 읽으면 해결될 질문들을 퍼붓기도 했다. 세바스티앵이 단연 으뜸이었다. 그는 책을 펼친 지 한 시간밖에 안 됐다면서 이메일을 보냈다(심지어 책을 다 읽고 이메일을 또 보낼 거라고 했다).

일부 독자는 책을 너무 성급하게, 본인의 평소 습관대로 군데군데 뛰어넘고 읽은 것 같았다. 내가 닦아 놓은 길로 따라와 달라고 일부러 당부까지 했는데 말이다.

이렇게 말하는 이유는, 어떤 독자들은 '정신적 과잉 활동' 개념을 완전히 이해하지 못한 것처럼 보였기 때문이다. (특히 페이스북에서) 일부 독자들은 다소 피해망상증 환자 같은 태도를 보여 주었다. 기억에 남는 충돌도 몇 번 있었다. 여러분은 감수성이 남다르기 때문에 상처도 잘 받는다는 사실을 내가 몰랐다면 그냥 웃고 넘겼을 것이다. 몇몇 독자가 나를 재빨리 이상화하고 떠받들다가 또 재빨리 치를 떨며 내치는 바람에 얼떨떨하기도 했다.

하지만 전반적으로 독자 편지는 피가 되고 살이 될 만했고 놀랄 만큼 정다웠다. 여러분의 편지를 읽고, 여러분의 이야기를 듣고, 강연에서 여러분을 만나면서 얼마나 기뻤는지 모른다. 여러분의 환대, 친절, 유쾌한 태도에 감사한다. 이런 독자들을 만난 나는 참 운이 좋은 사람이다.


아래의 문자 메시지도 『나는 생각이 너무 많아』에 대한 독자의 감상을 종합적으로 잘 보여 준다.


크리스텔,

안녕하세요? 제가 받은 문자 메시지를 공유하고 싶어서 연락드렸어요.

: 그 책 추천해 줘서 진심으로 고마우면서 네가 싫어지기도 해! 이제 막 다 읽었어. 아주 풍부한 경험이자 트라우마가 남을 만한 독서였어. 몇몇 대목은 닭똥 같은 눈물을 뚝뚝 흘리면서 읽었지… 전반적으로 즐겁게 읽었어, 고마워 :)

여름 잘 보내세요.

알렉상드라

내 책을 만난 독자는 대부분 다음 둘 중 하나에 해당한다.

- 가까운 이에게 추천을 받았거나 선물로 받은 경우.
- 종종 독자 편지에서 길게 묘사되기도 하는 '기묘한 우연'으로 책을 접한 경우. 각별히 도움이 될 만한 순간에 딱 맞게 이 책을 읽을 수 있도록 모든 정황이 맞물려 돌아간 것만 같다. 나 역시 의미심장한 우연의 일치를 무척 좋아하는 사람이다!

얼마 전부터는 심리상담사나 의사의 권유 혹은 '처방'으로 내 책을 읽게 됐다는 얘기도 많이 듣는다. 치료 실무자들의 열린 마음과 신뢰에 감사를 드린다. 내 책이 이제 치료의 도구로도 인정받는다고 생각하니 뿌듯하고 행복하다.

알렉상드라의 친구처럼 책을 읽고 난 후 혼란스럽고 벅찬 감정을 토로하는 독자들이 있다. 웃고 울고, 안도하면서도 괴롭고, 기쁘기도 하고 화가 나기도 한다. 다행스럽게도 책에서 받은 충격은 이롭다. 어떤 사람에게는 이러한 독서 경험이 난파 직전 '간발의 차로' 붙잡은 구명튜브 같다. 내가 하는 말이 아니라 독자들이 정말로 그렇게 말한다. 자살까지 생각하다가, 내가 미쳐 버리겠구나 생각하다가 겨우 살아났다고. 내가 그렇게 도움이 됐다니 얼마나 다행인가. 여러분이 표하는 감사는 내 마음에 곧장 와 닿았다.

대부분의 독자들은 처음부터 끝까지 다 자기 얘기라고 했다. 그러한 일관성은 인상적이었다. 거의 전부 자기 얘기라고 하든가, 자기와 전혀 상관없는 얘기라고 하든가 둘 중 하나였다. 책을 읽으면서 이 정도로 저자가 나를 이해해 준다는 느낌은 처음 받는다고 했다. 자기를 구석구석 스캔하는 것 같아서 거북하다는 사람도 있었지만, 대부분 '드디어 누가 나를 이해해 주는' 그 느낌이 싫지 않다고 했다.

가끔은 좀 난처해하면서, 많은 부분이 자기와 일치하지만 전부 그렇지는 않다고 말하는 사람도 있다. 그러면 나는 짐짓 놀라는 체하며 묻는다. "아, 그래요? 어떤 부분이 그런가요?" 재미나게도 언제나 비슷비슷한 대답이 돌아온다. 처음부터 끝까지 다 자기 얘기라고 생각하지만 딱 하나, 지능에 대한 부분은 모르겠다는 것이다. 자기를 머리가 좋은 사람이라고 하니까 미덥지가 않은 모양이다. 그런 점에서도 정신적 과잉 활동이라는 측면을 좀 더 깊이 살펴볼 필요가 있을 듯하다.

## "이건 바로 내 얘기야!"

여러분은 초감각적인 경험을 매우 상세하게 전해 주었다. 그런 얘기를 허심탄회하게 할 수 있다는 것 자체에 안도하는 눈치였다. 카롤은 이메일에 이렇게 썼다.

"책 59쪽에서 신비 체험 얘기가 나왔지요. 선생님은 그 주제를 심도 깊게 다루지 않고 간단하게 언급했지만, 저는 느끼는 바가 많았습니다. 통찰력, 자연과의 교감, 선견지명, 사람에게서 후광을 본다든가, 맑고 푸른 하늘이나 구름이 잔뜩 낀 잿빛 하늘의 에너지를 눈으로 본다든가, 눈에 보이지 않는 존재를 구체적으로 느끼거나, 전생을 기억한다든가(저는 이집트와 미라에 관련된 기억이 있어요) 하는 것 말이지요. 그런 주제를 언급이라도 해 주셔서 고맙습니다. 그런 것들은 분명 존재해요. 제가 느끼는 현실의 일부를 부인할 수는 없어요. 게다가 제가 힘들 때 도와준 이들은 심리치료사나 정신과 의사가 아니라 영매들이었어요. 심리치료사들은 제가 환각을 보고 있다거나 나르시시즘에 빠져 있다고 했지요. 하지만 저는 분명히 뇌 기능과 관련된 문제일 거라고 생각했어요(질 볼트 테일러의 강연을 알고 있었거든요)."

본인의 감각 과민증을 비로소 깨닫고 일상생활에서 그러한 증상이 어떻게 나타나는지 자세히 설명한 독자도 많았다. 긍정적인 면으로 접근한 독자들은 감각, 감성, 관능, 쾌감을 한껏 누리거나 발휘하며 살 수 있다는 점을 강조했다. 감각 과민증의 부정적인 면, 즉 스트레스와 불쾌감, 이해와 배려를 받기는커녕 사소한 일로 유난 떠는 사람 취급당하는 괴로움을 토로한 독자도 많았다.

공감각 증상을 시처럼 멋지게 묘사한 독자도 있었다. 공기 중의 정전기를 느낄 수 있다는 사람, 비가 내리고 난 뒤의 음이온을 느낄 수 있다는 사람도 있었다. 자신은 전자파, 와이파이, 휴대전화 따위에 유독 민감하다면서 그러한 체질도 감각 과민증으로 설명되는지 물어본 독자도 여럿 있었다. 나는 그렇다고 생각하지만 지금으로서는 과학적으로 입증할 근거가 없다.

여러분의 피드백은 다 긍정적이었지만, 그 안에 검은 점 두 개가 보였다. 일반적인 사고방식의 소유자들이 내 책에 보이는 반응, 그리고 여러분이 심리 조종자들과 맺고 있는 관계를 두고 하는 말이다.

생각이 많은 독자들 가운데에는 일반적인 사고방식이 어떻게 작동하는지 드디어 좀 알 것 같다고 말하는 사람들이 참 많았다. 그렇게 이해를 하고 나니 보통 사람들과의 인간관계도 조금 수월해졌다고 한다. 내가 보통 사람들을 부정적으로 설명해서 놀랐다고 말하는 독자도 더러 있었다. 하지만 그 반응에 내가 더 놀랐다. 일반적으로 생각하는 사람들을 나쁘게 말할 의도는 눈곱만큼도 없었으니까. 그리고 '일반적으로 생각하는 사람'이라는 표현은 '일반적인' 사유의 규범 안에 머문다는 의미밖에 없다.

자폐증 환자들은 이런 보통 사람을 NT(neurotypical, 신경전형인)라고 부른다. 나는 단어 하나가 마음에 걸리면 끝까지 물고 늘어지는 여러분 성격을 익히 알고 있다. 그러니 '일반적으로 생각하는 사람'이라는 표현이 부정적으로 느껴진다면 NT라고 불러도 좋다.

나는 두 가지 방향으로 설명을 해 보려 한다. 여러분의 사고방식과 보통 사람의 일반적인 사고방식을 파악할 수 있는 실마리는 이미 제시했다. 사실 나는 보통 사람들이 정신적 과잉 활동인을 어떻게 이해해야 할지 감을 잡았다고 기뻐해 주기를 바랐다. 하지만 실망스럽게도 결과는 그렇지 못했다.

아멜리의 편지를 다시 보자. "주변 사람들의 반응은 뚜렷하게 갈리더군요. 자기분석을 즐기고 '자기에 대해서 생각할' 줄 아는 사람들에게는 제 선전이 잘 먹혔지만, 아주 실용적인 사람들은 '그런 책은 행운의 별점하고 똑같지. 누가 읽어도 조금은 자기 얘기 같은 구석이 있어서 괜히 이해받은 것 같은 기분이 드는 거라고. 사이비가 아닌 건 확실해?'라는 말밖에 하지 않았죠. 왠지 선생님은 이 글을 읽으면서 웃고 있을 것 같네요." 아뇨, 아멜리, 웃을 수가 없었답니다.

자비에라는 독자도 비슷한 얘기를 전해 주었다. 일반적인 사고방식의 소유자들은 내 책을 미덥지 않게 여겼다고 말이다. "그래서 저는 정신적 과잉 활동인과 보통 사람을 즉시 구별할 수 있었어요. 선생님 책 얘기만 꺼내면 바로 알 수 있죠! 정신적 과잉 활동인의 경우는 질문을 퍼부어요. 자기에게 정말로 흥미로운 주제인 거예요. 반면에 보통 사람은 별 대꾸도 안 하고 금세 화제를 바꾸죠."

본인은 일반적인 사고방식의 소유자이지만, 책을 읽고 나서 남편이나 자녀가 정신적 과잉 활동인이라는 것을 알게 됐다고 한 독자들도 있었다. 그들은 이 우뇌형 가족을 어떻게 대해야 하느냐고 조언을 구했다.

아내를 몹시 사랑하는 남편 두 사람은 책을 읽으면서 마음이 매우 아팠노라 고백했다. 그들은 아내의 넘치는 활력, 톡 쏘는 매력, 따뜻한 마음씨, 비상한 두뇌 회전에 매료되었지만 지나친 감상, 시도 때도 없는 의심, 변덕스럽게 널뛰는 기분은 의연히 참아야 했다. 그런데 내 책에서는 오히려 정신적 과잉 활동인인 아내가 보통 사람 남편을 지루해할 수도 있다고 하니 마음이 아팠던 것이다.

실제로 그들은 참고 사는 면이 있고, 그래서 부당하다고 느낄 수 있기 때문에 나 역시 상당히 유감스럽다. 게다가 이해 안 되는 아내를 이해하려고 내 책을 읽었다는 사실에서 이미 남편의 열린 자세를 볼 수 있다. 그 정도 애정이 전제된다면 아내도 남편의 일반적인 사고방식을 지겹고 따분하게 여기기보다 안정감과 위로의 원천으로 삼을 것이다. 따라서 책을 읽고 난 후에 건설적인 대화를 나눈다면 부부 사이에 벽이 생기기는커녕 관계가 더 좋아지리라 기대한다.

그러나 전반적으로 여러분이 전해 준 보통 사람들의 반응은 그다지 좋지 않았다. 일단, 읽은 사람들 자체가 많지 않았다. 내 책이 자신과 가까운 누군가를 이해하는 데 도움이 됐다고 인정한 이들도 많지 않았다. 대부분은 무관심하거나 경멸을 드러냈다. 행운의 별점, 사이비 이론, 독자를 선동하는 책, 심하게는 한때의 유행이라는 말까지 나왔다. 그와 동시에 양극성인격장애라든가 주의력결핍과잉행동장애 (ADHD)라는 진단들이 새삼 논란거리가 되었다.

개념을 소모적으로 사용하다 보면, 결국 그 개념은 한없이 공허해지고 알맹이가 사라져 버린다. 영재, 감각이 과민한 사람, 감정이 과한 사람 등에 대한 기사들이 어느 순간 급증했다. 어떤 기사는 진부하기 짝이 없었고, 또 어떤 기사는 결론 없이 무책임하게 개념을 남용하거나 불쾌감만 자극했다.

정신적 과잉 활동은 이야기하기 곤란한 것이 되었고 슬슬 경멸을 사기에 이르렀다. 그러니까 '한때 유행'이라는 말까지 나오는 게 아닌가. 그렇다면 뇌 기능이라는 측면에서 신경학적으로는 아무것도 증명되지 못했어야 한다. 좌뇌–우뇌 개념도 언젠가 낡은 것으로 치부되어야 할 것이다. 그러나 난독증과 그 밖의 장애 사이에, 자폐아와 영재 사이에 '이도 저도 아닌 사람들'이 있다. 뭔가 딱딱 맞게 연결을 지어서 정신적 과잉 활동인이 어떤 사람들이라고 선명한 이미지를 제시하기는 곤란해 보인다.

오히려 사회는 '질병' 딱지를 붙이기 급급하다. 양극성인격장애니, ADHD니 하는 딱지를 닥치는 대로 붙이는 바람에 자신의 사고방식을 제대로 이해받지 못하는 정신적 과잉 활동인이 너무나 많고, 호시탐탐 기회를 노리는 심리 조종자들도 너무나 많아 문제가 심각하다. 딱지 붙은 사람들을 마음껏 희롱하고 벗겨 먹으라고 심리 조종자들에게 판을 깔아 주는 격이 아닌가.

요컨대, 여러분은 늘 그래 왔듯이 거울 조각들을 마주보고 있다. 자기 모습이 만화경에 비친 것처럼 정신없고 요상해 보인다. 그러나 전

신거울이 오늘 당장 마련되는 것은 아니다. 근본적으로는 좌뇌가 과학 영역에만 지나치게 특화되어 있는 것이 문제다.

# 정신 활동이 유별나게
# 활발한 당신을 위해

🪐 마지막으로, 독자 편지에서 가장 극적인 내용은 아멜리의 편지에서 아직 공개하지 않은 부분에 잘 나타나 있다.

말하고 보니, 사람에 따라 다르고 경우의 수가 워낙 많아서 아무리 이야기해도 좀체 끝을 볼 수 없겠다는 생각이 드네요. 저는 나르시시즘에 빠진 변태들 얘기가 가장 충격적이었습니다. 선생님은 그들이 뼛속까지 못돼 먹었고 달라질 가망이 전혀 없다고, 끈질기다 싶을 정도로 거듭 말하고 강조했어요. 저는 선생님이 마녀사냥에 나선 것 같은 인상을 받았고 왜 그렇게까지 그들을 비난하는 데 열을 올리는지 이해할 수 없었어요. 우리는 모두 동일한 규범 위에서 우리 자신을 만들어 나가잖아요. 질 볼트 테일러 말마따나 누구라도 습관과 지각 방식이 어느 날 갑자기 변하지 말라는 법은 없어요.

그래서 선생님이 왜 그들을 근본까지 잔인하고 위험하다고 보는지 이해가 안 가요. 그들이 자기는 뭐든지 할 수 있다는 감정, 신나는 우월감에서 자기만족을 얻는다는 건 알아요. 하지만 그들도 그렇게 사는 게 행복하지는 않을 것이고, 의식을 하면서 그러는 건 아니라고 생각합니다. 어떤 경우에도 인간인 이상 순전히 의도적으로 악할 수는 없지 않나요?

저도 매일같이 사람들의 행동에 실망하고, 유감을 느끼고, 좌절까지 합니다만… 변수가 너무 많죠(우리가 전혀 알 수 없는 무수히 많은 것을 포함해서요). 교육, 문화, 오만 가지 트라우마(!!!), 유전, 두려움, 이해, 자기 자신 그리고 타인과의 관계, 무지, 욕망, 미지의 것, 전부이면서 동시에 아무것도 아닌 것을 확 축약해서 얘기한다는 것은 불가능해요!

네, 확실하게 말하지요. 제가 보기에는 그렇게 못된 사람들이 존재한다는 생각을 심어 주는 선생님이야말로 '못된' 사람입니다(선생님이 진짜로 못됐다고 생각하는 건 아니지만요). 어떻게 그렇게 이해심 없는 태도로 쉽게 판단을 내리는지 이해가 안 가요. 제 말이 좀 심한 줄 알지만, 선생님도 독자를 어린애 취급하며 아주 단정 짓듯 말했으니까 어쩔 수 없네요. 가령 이런 문장 말이에요.

"정신 활동이 유별나게 활발한 사람은 남에게 못되게 굴면 스스로 더 힘들어하고 불행해진다. 그래서 자기가 당하고 말지, 못된 사람은 되지 않는다. 하지만 심리 조종자들은 매우 사악하고 잔인하다. 그들은 못된 짓을 하면서 즐거워하면 즐거워했지, 결코 불행해하지 않는다."

그러면 정신적 과잉 활동인은 착하고 연약하니까 보호해 줘야 하고, 나르시시즘에 빠진 삐뚤어진 인간은 반드시 물리쳐야 할 악당인가요?

솔직히 그런 의견에는 절대 공감할 수 없고, 기가 막힐 따름입니다. 저 자신도 '못되게' 굴 때, 퉁명스럽고 정나미 떨어지게 구는 때가 얼마나 많은데요. 상대의 어디를 쳐야 내가 뜻한 바를 이룰 수 있는지 얼마나 잘 아는데요. 물론 잘못을 금세 깨닫고 후회하는 편이긴 해요. 그래서 저는 그런 행동도 일종의 방어 수단, 흔해 빠진 방패였을 뿐이라고 생각합니다. 물론 세상 모든 사람이 저처럼 자기 행동을 분석할 수 있는 건 아니겠지요.

네, 그래요! 그렇지만 선생님의 모든 작업에 감사드립니다!

앞에서도 말했지만 내 전문 분야는 커뮤니케이션이다. 그렇기 때문에 나는 심리학이나 과학이 흔히 그러듯 개인을 연구 대상으로 삼기보다 개인들의 상호작용을 통해서 사람들을 연구할 수 있었다. 정신적 과잉 활동인들의 특징은 심리 조종자들과의 상호작용 속에서 유독 또렷해진다. 넘치는 호의, 친절, 상대를 이해하고 싶다는 마음, 끈기…. 이런 것부터가 일반적이지 않다. 그러나 호의에도 한계가 생기면 뭐라고 할 건가? 아멜리는 스물네 살, 아직 젊다. 그녀도 앞으로 살다 보면 자기 말과 내 말이 다 맞을 수도 있다는 것을 알리라.

친애하는 아멜리, 내가 '쉽게' 판단을 내렸다면 그건 어디까지나 20년을, 아멜리가 살아온 평생에 맞먹는 시간을 심리 조종자들의 희생양 편에 서는 일로 보냈기 때문이에요.

나는 그 불길한 족속을 잘 안다. 하지만 도토리를 보여 주면서 그 도토리가 상수리나무에서 떨어졌다고 말한다는 이유로 나는 못됐다는 소리까지 듣는다. 아멜리에게는 답장을 쓰지 않았다. 뭐라고 말을 해야 할지 몰랐기 때문이다. 하지만 걱정된다. 아멜리는 심리 조종자의 먹잇감이 되기에 딱 좋은 유형, 어쩌면 동시에 여러 명에게 걸려들 수도 있는 유형이다.

그러나 여러분이 단점으로 여기는 것들이 기본적으로는 장점이다. 여러분의 활기, 친절, 열의가 『나는 생각이 너무 많아』를 지탱해 주었다. 내 앞으로 쇄도하는 이메일은 이 작업을 계속 밀고 나가는 데 큰 힘이 되었다. 이 책을 쓴 것도 여러분의 지성과 창의성에서 영감을 얻었기 때문이다. 있는 그대로의 여러분에게 감사한다.

이 책에서는 여러분의 자신감 부족, 연애와 직장생활과 사회생활에서 겪는 어려움을 자세히 다룰 것이다. 이런 문제로 상담을 청하는 독자가 많았고, 나도 도움이 될 만한 얘기를 해 줄 수 있을 것이다. 이제 내가 여러분에게 제시하고자 하는 해결책을 함께 살펴보기로 하자.

# 2장

# 정신적 과잉 활동의 근원, 감각 과민증

"내가 가장 좋아하는 생테밀리옹 포도주 피작 71년산을 주문했다. 구하기 어려운 근사한 술. 해넘이 끝자락처럼 금빛과 붉은빛이 돈다. 콘트라베이스 A단조처럼 깊다. 햇살에 비춰 보면 오르가슴이 따로 없다. 입에 머금으면 베르디의 피날레보다 오래간다. 딱 보기에도 신처럼 위대한 술이다. 그녀가 그 술에 물을 탔다. 그때부터 나는 결코 그녀를 사랑하지 않았다."

― 피에르 데프로주

『나는 생각이 너무 많아』에서처럼 감각 과민증을 다루는 것으로 이야기를 시작해 보자. 여러분의 활발한 정신 활동의 상당수는 감각 과민증이라는 신경학적 발단에서 비롯된 것이다. 쉴 새 없이 온갖 정보를 잡아내는 기민한 오감에 대한 내용은 독자 편지에 그리 많지 않았다. 독자들은 지나치게 예민한 감각에 대한 내 주장이 옳다는 것을 보여 주기 위해서, 혹은 몇 가지 예시를 보태는 뜻에서만 이 주제를 다루었다.

감각 과민증을 불평하는 독자도 거의 없었다. 그저 일상생활이 힘들 정도로 전기나 전자기파에 민감한 사람들만이 자기 문제를 토로하고 해결책을 강구했지만 뾰족한 답을 얻지 못했다. 나는 여러분이 유난히 발달한 감각 체계 때문에 고충이 많을 것이라고 주장했다. 그러나 여러분 자신은 그로 인한 스트레스나 피곤을 자각하고 있는 것 같지 않았다. 상당수가 어느 정도 체념하고 살아가지 싶다.

하긴, 뭘 어쩌겠는가. 이미 무의식적으로 회피 행동이 몸에 배어 있어서 별 말이 없는지도 모른다. 감각 체계에 과부하가 걸릴 것 같은 상황은 본능적으로 피하고 보는 게 아닐까?

이제 나는 감각 과민증이야말로 정신적 과잉 활동의 가장 본원적인 측면이요, 맨 먼저 고려해야 할 특성이라고 생각한다. 정신적 과잉 활동인에게는 감각 자극 하나하나가 미세한 공격이 될 수 있다. 여러분이 곧잘 '통제 불능' 상태에 빠지는 이유도 감각 자극이 과해서일 거라고 본다. 과하게 자극을 받으면서도 본인은 전혀 의식하지 못할 수 있다.

알다시피 NT형 뇌에서는 적절한 감각 자극과 그렇지 않은 자극이 자동으로 분류된다. 이 과정을 '잠재적 억제(inhibition latente)'라고 부른다. 잠재적 억제는 일종의 가지치기(혹은 채널 돌리기) 같아서 지각된 정보가 쓸모없다고 판단되면 그냥 폐기함으로써 집중을 돕고 감각 체계를 보호한다. 보통 사람들은 굴착기 소음을 '무시하라'고 충고하면서 왜 당신이 그렇게까지 그 소리를 불편해하는지 의아해할 것이다.

그런데 당신의 뇌는 그런 식으로 돌아가질 않는다. 감각 과민증에 그치지 않고 '잠재적 억제 장애'가 있다고 할까. 의식적으로 노력하지 않는 한, 자신을 덮치는 모든 자극을 감내해야만 한다는 말이다. 그렇기 때문에 여러분에게 감각적인 지각에 좀 더 주의를 기울이라고, 오감을 흥분시키지 않도록 조심하라고 권유하고 싶다. 혹자는 덜 예민하게 살려면, 무엇보다 덜 감정적이 되려면 어떻게 해야 하느냐고 물을 것이다. 나는 감각 체계를 잘 관리하는 것이 우선과제라고 생각한다.

리안 홀리데이 윌리(Liane Holliday Willey) 박사는 『아스퍼거 증후군이 아닌 척하다(Pretending to be Normal)』에서 자기는 어렸을 때 누군가가 연필 대신 검정색 색연필을 주는 바람에 IQ 검사를 통과하지 못할 뻔했다고 말한다. 미색 종이 위에 검정 심이 자꾸만 바스러지는 바람에 그녀는 속이 상했다. 파스텔 색조를 보면 구역질이 났고, 가구나 물건이 반듯반듯하지 않고 둥그스름하면 몹시 불편한 기분이 들었다고 한다. 그녀는 딱 떨어지는 원색과 직각을 좋아했다. 그래서 딸아이들이 어릴 때는 무척 애를 먹었다고 한다. 젖병 데우는 기구부터 장난감까지 아기용품은 죄다 동글동글하고 연한 색이기 때문이다. 예쁜 플라스틱 숟가락과 포크 세트를 볼 때면 불편함은 정점에 달했다.

가브리엘이라는 독자도 음식과 관련해서 비슷한 문제로 힘들어했다. 그는 음식물이 원래의 색감, 형태, 농도나 밀도를 유지하고 있어야만 먹을 수 있다고 했다. 예를 들어 당근을 푹 익히거나 다져 놓으면 손도 안 댔으니, 일상생활에 지장이 이만저만 아니었다. 극단적인 사례라고 말할지도 모르겠다. 하지만 무의식적으로든, 다소 완화된 형태로든, 나는 여러분도 이런 유의 불편을 겪고 있으리라 짐작한다. 그래서 여러분을 불편하게 만드는 것, 과민한 감정을 자극하는 것을 모두 꼽아 보면서 '체크리스트'를 작성해 볼까 한다. 이제부터 자기 자신에게 주의를 집중해 보라. 모든 면을 고려해야 한다.

## 얼룩 한 점까지
## 잡아내는 매의 눈

여러분에게는 미세한 것을 잡아내는 감각이 있다. 상대가 입고 있는 블라우스의 얼룩 한 점, 치아에 낀 상추 조각, 그렇게 아주 작은 것에도 여러분은 집중력이 확 흐트러지곤 한다. 따라서 집중력을 방해할 만한 요소가 없는지 수시로 확인하고, 제거할 수 없다면 여러분이 그 요소를 극복하는 수밖에 없다.

그다음으로, 조명에 신경을 쓰자. 차가운 불빛과 따뜻한 불빛 중에서 어느 쪽을 더 선호하는가? 전체적인 분위기와 전등을 직접 골라 보라. 가급적이면 밝기를 조절할 수 있는 장치를 설치해서 조명을 그때그때 기분에 맞추자.

리안 홀리데이 윌리 박사처럼 소지품이나 자주 쓰는 물건이 자기가 좋아하는 색깔인지 확인하라. 여러분의 감각 체계에 거슬리는 색채를 애써 참을 필요는 없다.

가구와 살림살이도 마찬가지다. 아기자기한 분위기, 포근하고 아늑한 분위기, 세련된 분위기 중에서 어느 쪽이 당신의 취향인가? 가구의 선이나 모서리, 크기와 소재, 공간을 차지하는 비중을 생각하고, 시각적으로 편안하고 따뜻하며 조화롭게 보이는 수준을 찾아보자. 가전제품의 색상과 디자인도 신경 써서 골라야 한다.

실외에서 눈이 부실 때가 많다면 선글라스를 잊지 말고 챙기기 바란다(물론 안경알 색상이나 테의 편안함을 잘 고려해서 고른 선글라스라야 할 것이다). 네온 조명에도 유의하라. 그러한 조명이 당신의 기분을 좌지우지할 수 있다.

유동 인구가 많은 혼잡한 장소에도 유의하라. 사람들이 계속 오가는 곳에서는 현기증이 나거나 정신이 산만해지기 십상이다.

# 대화 내용보다 말투에
# 더 신경 쓰여

🖊 여러분의 청각은 보통 사람들의 청각과 사실상 반대라고 해도 과언이 아니다. 여러분은 가까운 곳에서 들리는 고음보다 멀리서 들리는 저음을 더 잘 듣는다. 이를테면 대화를 나누는 동안에도 상대의 음성보다 배경음에 더 주의가 쏠리는 식이다. 그래서 시끄럽고 혼잡한 곳에서는 대화에 집중하기가 어렵다 못해 괴롭기까지 하다. 보통 누군가와 이야기할 때는 상대가 발음하는 단어, 그다음에는 말의 속도, 리듬, 말투, 억양, 음성 순으로 머리에 들어온다.

그런데 생각이 많은 정신적 과잉 활동인의 경우에는 이 순서가 반대다. 일단 음성부터 귀에 들어오는 것이다. 그 사람의 목소리가 높은지 낮은지, 거친지 부드러운지, 탁한지 맑은지부터 지각한다. 이 첫 번째 필터가 이미 대화 내용을 듣는 데 방해가 된다. 그다음에는 상대의 억양이 귀에 들어온다. 단어를 특이하게 발음하는구나, 라고 신경이 쓰이면서 집중력이 흐트러지고 머릿속 복잡해진다.

그러고서 상대의 말투가 들리고, 마음이 편안해지든가, 스트레스를 받든가 한다. 그 사람 말투가 공격적이고 찌들어 있는지, 차분하고 정감 있는지를 느끼는 것이다. 말의 리듬과 속도는 그다음이다. 그런 뒤 가장 마지막으로 대화 내용이 들리면 이제 비로소 뭔가 의미를 부여할 수 있다. 이 말인즉슨, 상대의 목소리가 기분 나쁘거나 억양이 특이

하거나 말투가 쏘아붙이는 것 같으면 정작 그 사람이 말한 내용은 귀에 들어오지도 않는다는 얘기다.

예전에는 감각이 과민한 사람들은 조용한 음악만 좋아하든가 아예 아무 소리도 듣고 싶어 하지 않는다고 생각했다. 그런데 진공청소기 소리에 기분이 좋아진다는 독자들이 꽤 있었다. 진공청소기나 헤어드라이어 돌아가는 소리가 '마음을 편하게 해 주는' 음향으로 분류될 수도 있다는 걸 알고는 깜짝 놀랐다(실제로 유튜브에서 열 시간짜리 '마음을 편하게 해 주는 헤어드라이어 소리'를 찾을 수 있다). 잘 생각해 보면 스포츠카 소음도 왠지 그렇다.

자기가 어떤 소리에 정신 사나워지고 어떤 소리에 기분이 좋아지는지 잘 알아 두기 바란다. 가전제품, 초인종, 자명종 등도 소리의 높낮이와 크기를 고려해서 선택해야 할 것이다. 자기가 좋아하고 즐기는 것을 누려라. 마찬가지로 집 안이나 사무실 안에서 나는 소리도 확인해 보라. 방음 수준이든가 마루판이 삐걱거리는 소리, 의자를 움직일 때마다 타일 바닥이 긁히는 소리, 신발이 직직 끌리는 소리 등. 또 다들 알다시피 디지털 압축 음악은 청각에 좋지 않다. 음질 나쁜 파일, 저질 이어폰으로 귀를 혹사하지 말자.

진정한 침묵의 시간을 자기 자신에게 선물해 보라. 가끔 라디오나 텔레비전을 끄고, 창문과 덧창을 잘 닫는 것으로 충분하다. 여러분은 내가 굳이 말하지 않더라도 지나치게 시끄러운 곳을 피하는 버릇이 진즉 들었으리라 생각한다. 가령 어떤 상점은 말 그대로 고막이 찢어져라 음악을 틀어놓기도 한다. (어쩌면 그럴 수가 있을까? 점원들은 무슨 죄인가! 그렇게 열악한 근무환경이라니!) 주머니에 늘 귀마개를 챙겨 다니면서 영화관이나 클럽에서 필요하다 싶으면 언제라도 거리낌 없이 착용하라. 벽이나 칸막이가 없는 소위 '개방형 사무실'에서 직원들이 오히려 산만해지고 피로해지기 쉽다는 것을 이제는 일부 기업들도 깨닫기 시작했다. 희망이 보인다. 솔직히, 전화 업무와 문서 업무를 같은 사무실에 배치해 놓고 직원들에게 집중력을 발휘하라는 것 자체가 말이 안 된다.

신경 거슬리는 소리를 접했을 때 자신을 잘 추스를 수 있는 방법이 있다. 일단, 내가 어떤 감각 정보를 부적절하고 생뚱맞다고 여길수록 기분이 상하기 마련이다. 발레리는 이런 얘기를 해 주었다.

"제 방 창문 바로 밑에 벤치가 하나 있는데, 가끔 밤늦게까지 거기 앉아서 이야기를 나누는 사람들이 있어요. 그다지 큰 소리로 말하는 것도 아닌데 짜증이 나요. 한껏 소리를 낮춰 속삭이는 게 더 짜증나요. 저도 모르게 대화에 귀 기울이게 되거든요! 할 일도 없으면서 왜 저러고 있담, 저 인간들이 지금 남의 잠을 방해하고 있다는 걸 알아야 하는데, 속으로 막 그렇게 투덜대죠. 그런데 엊저녁에는 사람이 아니라 웬 올빼미가 와서 엄청 큰 소리로 한참을 제멋대로 울다 가는 거예요. 이상하게 그 소리는 신경에 거슬리지 않더라고요. 올빼미가 울든지 말든지 어제는 잠만 잘 오더군요. 당연히 들릴 수도 있는 소리, 근사한 소리라고 생각하기 때문에 그런가 봐요."

그래서 여러분은 언뜻 신경을 거스르는 감각 정보를 정당한 것으로 생각하는 연습을 해야 한다. 예를 들어 낙엽청소기 돌아가는 소리가 짜증난다면, 한 번쯤 정원사가 정원을 아름답게 가꾸기 위해 열심히 일하는 모습을 지켜보고 그가 한데 모은 낙엽 냄새를 맡아 보라. 말끔해진 산책로를 보면서 그 소리가 꼭 필요한 소리였구나 하고 생각하면 한결 견디기가 수월할 것이다.

# 나만의 해결책을
# 찾아라

덥거나 춥다는 감각, 습기와 건조함, 적절하지 않은 냉방이나 난방, 갑갑하거나 피부가 가려운 옷, 음식이 살짝 상한 것 같은 뒷맛, 역한 냄새 등 자잘한 방해물은 마음만 먹으면 쉽게 피해 갈 수 있다.

거칠거칠하거나 보풀이 잔뜩 일어난 이불을 덮고 어떻게 잠을 잘 자겠는가? 방이나 자동차에서 나는 냄새, 어떤 사람의 체취가 집중력을 방해할 수도 있다. 따라서 불편의 원인을 제거하려고 수고할 만하다. 가구(안락함, 디자인, 소재 등)와 옷(상표, 신축성, 소재 등)뿐만 아니라 탈취제, 화장품, 세제 등도 마찬가지다. 샤워젤, 수분크림, 샴푸, 세탁세제, 섬유유연제 등등의 향과 촉감이 여러분을 기분 좋게도 하고 왠지 불편하게도 한다. 그러니 이 모든 감각 정보에 귀를 기울이고, 자기가 쓰는 물건은 한낱 세제라도 충분히 시간을 들여 고르기 바란다.

운동감각도 인체 공학적인 편안함을 가져다 준다. 자기 몸이 하는 말에 귀 기울이지 않는 이들이 너무 많다. 자세나 호흡에 신경을 쓰자. 잊지 말고 이따금 하품을 하고, 심호흡도 하고, 몸을 움직이고, 기지개를 켜자. 특히 두뇌를 장시간 혹사했다면 이런 작은 몸짓이 더욱더 중요하다. 고양이의 몸짓을 눈여겨보고 본보기로 삼아라. 고양이야말로 안락함과 느긋함을 제대로 추구할 줄 아는 동물이니까.

심리치료사 베르나르 라캥(Bernard Raquin)은 어린아이는 사람보다 모기와 더 비슷하다고 했다. 감각이 과민한 사람 옆에서 어린아이가 쉴 새 없이 왔다 갔다 하면서 부산을 떤다면 그 사람은 자기를 다잡느라 어마어마한 에너지를 쓸 것이다. 여러분도 그런 경우를 종종 겪었을 것이다. 그런데 이때 아이의 존재를 무시하려고 애쓰는 것은 어른에게나 아이에게나 결코 바람직하지 않다. 아이는 어른이 필요해서 관심을 끌려고 하는데, 어른은 자기 일에 집중한답시고 아이를 투명인간 취급하는 격이다. 이러면 대개 끝이 좋지 않다. 차라리 조용히 있고 싶은 마음을 깔끔하게 접고, 충분한 시간과 관심을 아이에게 내어 주어라. 그렇게 어느 정도 함께 시간을 보낸 후에, 이제 나는 할 일이 있으니까 너 하자는 대로 할 수 없다고 아이에게 일러 주는 편이 낫다. 이때는 아이 혼자 시간을 보내야 한다는 것을 확실하게 납득시킨다. 두 가지 일을 한꺼번에 하려 들면 죽도 밥도 안 된다. 온종일 아이와 붙어 있으면서 정신이 딴 데 가 있는 것보다는 짧은 시간이라도 알차게 관심을 기울여 주는 편이 낫다. 그러면서 아이도 어른들을 놓는 법을 배운다. 자기가 바라는 만큼 관심을 받고 나면 훨씬 더 순순히 어른들을 놓아 줄 수 있다.

아마도 여러분은 이미 자신의 감각 과민증에 적합하게 계발한 자기만의 해결책을 가지고 있을 것이다. 가령 선글라스와 귀마개를 항상 갖고 다닌다든가, 오랫동안 씻지 않은 사람이 옆에 앉는 등 갑자기 악취를 피할 수 없을 때 둘둘 감을 수 있도록 향수를 살짝 뿌린 스카프를 가지고 다닌다든가 하는 식으로. 하루를 보내는 동안에도 이따금 내 감각 체계에 모든 주의력, 모든 의식을 집중해 보자. 감각을 전반적으로 살피고 문제가 있으면 바로잡아라.

이따금 홀로 벗어나 있기를 주저해서는 안 된다. 여러분은 조용히 혼자 있는 시간이 웬만큼 있어야 기운을 차린다. 아마도 이미 그런 식으로 스트레스와 피로를 해소하고, 집중력을 향상시키고, 짜증이 폭발하는 빈도를 낮추고 있을 것이다. 이에 더해『나는 생각이 너무 많아』에서 권유한 대로, 수시로 오감을 기분 좋게 만드는 데에 신경 쓰기 바란다. 여러분에게 예술과 자연의 '과다 복용'을 처방한다. 그렇게 쾌감을 주는 환경에서만 여러분의 감각 체계가 지닌 독창성을 마음껏 누릴 수 있기 때문이다.

나탈리는 이런 편지를 보냈다. "사소하지만 정신적 과잉 활동인의 취미 생활과 관련해서 한마디 할게요. 사진은 사물을 다르게 바라보는 방식이고, 그래서 세상을 보는 '우리의 방식'을 드러내지요. 저는 자연을 바라볼 때 특히 더 그런 것 같아요. 거창한 카메라가 없어도, 그저 내가 느끼는 순간을 프레임에 담기만 하면 얼마든지 나 자신을 드러낼 수 있어요. 그래요, 우뇌의 시선은 독창적이고 참신하고 정확하답니다. 얼마나 인상적이고 마음을 움직이는 사진들이 나오는지 몰라요. 오감이 다 그렇다고 생각해요."

여러분도 나탈리처럼 섬세하고 남다른 감각 체계를 잘 활용하여 세계를 바라보는 참신한 시선을 사람들에게 보여 줄 수 있을 것이다.

# 시끄러운 이웃 때문에 미칠 것 같아

알린은 이웃들에게 시달리다 못해 이사를 갈 예정인데, 이런 일이 벌써 두 번째라며 상담을 받으러 왔다. 이웃들이 욕설과 협박을 퍼부었고, 이제 머지않아 주먹까지 날아올 것 같다고 했다. 처음 있는 일이 아니다 보니 알린은 자기에게 무슨 문제가 있어서 그런 사람들만 꼬이는 게 아닐까 생각했다. 다른 이웃끼리는 관계가 원만했다.

알린은 상담을 진행하면서 별것 아닌 일들이 계속 맞물려 이 지경까지 왔음을 깨달았다. 일단 그녀는 자신의 감각 과민증을 자각하지 못하고 있었다. 자기가 남들과 다르다는 것도, 남들은 자기처럼 감각 기관이 예민하지 않다는 것도 몰랐다. 그래서 이사를 오자마자 별 생각 없이 이웃 간에 지켜야 할 예의에 대해서 말했다. 서로 사이좋게 지내려면 반드시 지켜야 할 상식이라 여긴 것이다. 이웃들은 어깨를 으쓱해 보일 뿐, 그냥 평소대로 살았다. 알린은 자기 뜻이 잘 전달되지 않았다고 생각했고, 자기가 좀 더 노력하면 저쪽에서도 알아주리라 믿었다. 그녀도 가끔 깨닫기는 했다. '저 사람들은 빨래집게 집는 소리에 왜 잠을 못 자는지 이해를 못하는구나.' 그렇지만 '밤 열 시 전에 빨래를 너는 게 뭐가 어려워!'라고 생각했다.

현실은 알린의 생각과 반대로 돌아갔다. 그녀는 자기도 모르는 사이에 까다로운 여자로 소문이 났다. 상황은 점점 나빠졌다. 이웃들은 점점 참을 수 없이 행동했고, 그녀가 뭐라고 항의하면 가만히 있지 않았다. 왜 사람을 감시하느냐, 사생활도 없느냐, 노처녀 히스테리다 등등 점점 더 심한 말이 나왔다. 그녀 자신에게 문제가 있으니 알아서 해결하라고 무례하게 충고했다. 그들은 알린에게 본때를 보여 준답시고 온갖 방법을 썼다. 이웃 간의 다툼이 도를 더해 갔다. 그녀는 조용히 해 달라는 말을 꺼낼 때마다 욕을 먹었다. 털털거리는 진동음을 못 참는다는 자신의 말을 듣고 이웃에서 일부러 밤낮으로 탈수기를 돌린다는 사실을 알게 된 순간, 알린은 무너졌다.

자신의 감각 과민증을 알게 된 것이 그녀에게는 엄청난 발견이었다. 음악의 저음부, 빨래집게 소리, 세탁기 소음 정도로 불평을 하면 그

동네 미친년으로 통하게 된다는 것도, 보통 사람들 입장에서는 오히려 그녀가 이웃들을 괴롭힌 셈이라는 것도 그제야 알게 되었다. 그 발견으로 알린의 인생이 바뀌었다. 그녀는 자기를 이해하고 자신의 차이를 받아들였다. 몇 주 후, 알린은 포도밭 한가운데 홀로 덩그러니 자리 잡은 작은 집으로 이사하게 됐다고 기뻐했다!

조엘은 알린과 반대로 이웃집의 소음을 묵묵히 참기만 했다. 하루 종일 시끄러운 음악을 트는 것은 예사요, 부부 싸움하는 소리까지 다 들렸다. 그 집 여자는 새벽 세 시에 하이힐을 또각거리며 들어왔고, 그 집 남자가 매시간 발코니에서 피우는 담배 연기는 조엘의 집으로 다 들어왔다. 변기 물 내리는 소리, 문을 쾅 닫는 소리는 말할 것도 없었다. 조엘은 씁쓸하게 웃었다. 항의를 하는 이웃은 아무도 없는 듯했다. 그녀만 불편을 느끼는 것이었다.


『나는 생각이 너무 많아』에서도 얘기했지만, 감각 과민증은 잘 관리하면 커다란 행운이 될 수 있다. 자기가 관리하기에 따라서 삶의 낙, 쾌감의 원천이 될 수도 있고, 스트레스와 짜증의 원천이 될 수도 있다는 얘기다. 활용을 잘하고 말고는 여러분에게 달렸다. 이제 알린은 정원에서 아침을 먹으면서 아침놀과 새소리를 만끽할 수 있을 것이다. 바람에 머리칼을 흩날리며 이제 막 잠에서 깨어난 자연의 향기를 들이마실 것이다. 포도밭을 털털거리며 가로지르는 트랙터만 없다면 말이다. 그렇다, 현실을 무시하지 말자. 우리는 달나라에 살고 있는 게 아니니까.

# 3장

## 울다가 웃다가,
## 너무 예민한 감성

생각이 많은 여러분이 지나치게 감정적이 되고 마는 또 다른 이유는 예민한 감성에 있다. 여러분은 개인적으로 이런저런 일에 치인다고 느낄뿐더러 세상에서 일어나는 일에도 민감하다. 누군가가 하는 말, 누군가의 의도, 비판, 혹은 그저 자신의 잘못된 해석 때문에 한 번씩 죽었다 살아나는 것이다.

나는 여러분을 페이스북에서 만나곤 한다. 여러분은 훌륭한 뜻을 지지하기 좋아하고, 그런 만큼 분노하는 일도 많다. 여러분은 저항하고, 감동하고, 측은해하고, '마음이 따뜻해지는' 사진을, 주옥같은 글인지 선전인지 모를 정보를 열심히 공유한다(나 역시 그럴 때가 있다). 장점이 지나쳐 단점이 되고 만 사람들답게, 선행이나 연민, 경이로운 기적에 열광한다. 하지만 바로 그렇기 때문에 여러분이 더욱더 감정적인 사람이 되고 만다.

나는 러시아 물리학자인 바딤 젤란드(Vadim Zeland)의 『리얼리티 트랜서핑(Reality Transurfing)』(읽어 보길 강력 추천한다)을 읽고 양자물리학에서 끌어낸 사금 조각들을 발견했다. 정신적 과잉 활동인의 지나친 감수성을 가라앉히는 데 도움이 될 만한 사금 조각 두 개를 소개한다. 바로 펜듈럼과 균형력이다.

# 당신의 에너지를 빨아먹는 펜듈럼

바딤 젤란드가 말하는 '펜듈럼'은 간단히 말해 개체들이 이루는 집단이다. 예를 들자면, 벌집이나 개미집도 일종의 펜듈럼이다. 아마추어 축구 클럽, 자선단체, 정당 역시 펜듈럼이다. 충분히 시간을 두고 살펴보자. 우리 주위에는 수많은 펜듈럼이 있다.

일단 펜듈럼이 만들어지면 목표는 두 가지다. 최대한 많은 개체를 끌어들일 것, 그리고 개체들의 에너지를 빨아들일 것. 아마추어 축구 클럽에는 자원봉사자가 필요하고, 자선단체는 기부를 받아야 하며, 정당은 유권자들을 끌어들여야 한다. 긍정적인 에너지냐, 부정적인 에너지냐는 중요하지 않다. 이때 개인은 어떤 대의를 '위하여', 혹은 그러한 대의에 '반하여' 펜듈럼에 시간과 에너지를 쏟는다.

펜듈럼에게는 사람들의 입에 많이 오르내리고 그들의 에너지를 빼앗는 것이 가장 중요하기 때문에 반대하는 사람들조차도 요긴하다. 펜듈럼은 스스로를 더 널리 알리기 위해 구성원 중 한 명을 연단에 올려놓는다. 그는 영광과 명성을 누리며 마치 한 나라의 국기처럼 상징적인 존재가 된다. 하지만 여기에 속으면 안 된다. 일국의 대통령조차 펜듈럼의 상징에 불과하다. 유명한 영화배우는 영화 산업이라는 펜듈럼의 깃발이다. 그 배우가 없어도 영화계는 굴러가지만 그는 (또 다른 펜듈럼의 대의와 손을 잡지 않는 한) 오로지 영화계에 힘입어 존재할 뿐이다. 군중의 무관심이 펜듈럼에게는 사형 선고다. 구매자가 없으면 판매자도 사라질 수밖에 없다. 그렇기 때문에 조직적인 보이콧 운동은 펜듈럼에게 실질적 타격을 입힐 수 있다. 나는 이 펜듈럼 개념이 적확한 통찰력을 보여 준다고 생각한다. 그런데 정신적 과잉 활동인들이 이러한 메커니즘을 이해하면 어떤 점이 좋을까?

일단 여러분은 정서적으로 융합되기 쉬운 사람들이기 때문에 모든 펜듈럼이 환영할 만한 예비 고객이라는 점을 깨달아야 한다. 생각이 많고 감성적인 여러분은 아주 많은 일에 분노하고 열광한다. 그래서 흥분시키기도 쉽고, 회유하기도 쉽다. 온갖 펜듈럼이 흔들어 대는 붉은 천을 향해 투우장의 황소처럼 돌진하는 대신 한 발짝 물러서서 혹시 교묘한 여론 조종이 그 뒤에 도사리고 있지는 않은지 살펴보라. 어째서 저런 대의를 앞세우는 걸까? 내가 분개하거나 동정심을 베풀 때 실제로 득을 보는 사람은 누구인가? 이 정보에 대해서 여론은 어떻게 조직되었는가? '범죄'가 누구에게 득이 되는가? 다시 말해 액면 그대로만 보지 말고 철저하게 배후도 보라는 말이다.

그다음으로, 펜듈럼은 '피해자-가해자-구원자'라는 삼각관계에 기초한 심리 게임에 환장하고 달려든다. 이 관계 안에서 신념의 대상이 피해자가 되는 경우는 거의 없다. 극적인 상황에서 멀찍이 물러나 냉정한 눈으로 보자. 타인을 돕는 것이 좋을 수도 있지만 자칫 그 바닥을 굴러가게 하는 연료가 될 수도 있다. 무엇을 '위해' 싸우는 것, 무엇을 '막기 위해' 싸우는 것, 둘 다 무익하다는 것을 알아야 한다. 진정 어떤 대의를 우뚝 세우고 싶다면 장기적으로는 단 하나의 길이 있을 뿐이다. 인내, 교섭, 정보, 교육의 길 말이다. 소방관들은 이렇게 말한다. 불을 끄려면 소화기로 불길의 뿌리 쪽을 겨냥하고 쏘아야 한다고. 애먼 것을 붙잡고 싸우지 말고 분별 있게 접근 방향을 잡아야 한다.

가령, 동물보호는 여러분이 가장 마음을 쓰는 대의 중 하나일 것이다. 당연하다. 하지만 문제를 똑바로 보자. 고기를 먹지 않거나 가죽 제품을 쓰지 않는다고 해서 동물학대 문제가 해결될까? 동물학대는 도처에서 일어난다.

휴가철에 반려동물을 버리고 떠나는 사람들이 있다. 해양공원에서 쇼에 동원되는 돌고래들은 또 어떤가? 동물원이라는 환경 속에서 스트레스를 받으며 우울해하거나 발작적인 행동을 보이는 동물은 또 얼마나 많은가? 너른 땅을 달리며 더불어 지내야 할 말들이 옹색한 상자 같은 곳에 한 마리씩 갇혀 산다. 사육 환경과 도살 환경에도 문제가 너무 많다. 동물을 좋아하지만 성숙하지 못한 사람들이 반려동물을 인형처럼 꾸미고 사람 옷 비슷한 것을 입히거나, 건강에 해로운 단 것을 먹이거나, 사람에게 풀지 못한 욕구불만을 해소하기 위해 심하게 물고 빨며 좋아한다.

고무장화를 신고 폴라플리스 옷만 입는다고 해서 동물학대 문제가 다 해결되지도 않거니와 또 다른 문제들이 생긴다. 고무장화와 폴라플리스 옷이 생분해되지 않아서 발생하는 오염은 어쩔 건가? 차라리 그 에너지를 인권헌장이나 아동권리헌장 비슷하게 동물권리헌장을 수립하는 데 보태면 어떨까? 동물의 본래 모습과 존엄성을 보호할 수 있도록 동물의 법적 위상을 확실히 하는 것이 급선무 아닐까? 아, 나는 펜듈럼에 대한 비판의 예를 든 것일 뿐, 또 하나의 펜듈럼을 만들 뜻은 없다.

한편으로, 나는 여러분이 이미 다 알고 있으리라 믿는데, 심리 조종자는 그 자체가 펜듈럼이다. 그는 늘 화제의 중심에 있으며, 심지어 자기가 없는 자리나 심리상담 중에도 그렇다. 이제 더 이상 그가 당신의 에너지를 빨아먹고 살게 내버려 두지 말자.

보이는 것과 들리는 것에 번번이 자극받고 흥분하지 않으려면 당신이 모든 전선에서 싸울 수 없고 모든 대의를 옹호할 수도 없다는 것을 깨달아야 한다. 자기가 마음을 주고자 하는 펜듈럼은 분명한 의식을 가지고 신중하게 선택하기 바란다. 또한 그 펜듈럼이 초기 목적에서 벗어났다 싶으면 자유로이 떠날 수도 있어야 한다. 여러분은 자연의학/생약치료라는 펜듈럼에 마음을 줄 수도 있고, 아동보호나 지구를 지키는 운동에 참여할 수도 있다. 그것으로 족하다. 불꽃의 뿌리만 겨냥하라는 얘기다. 하루 동안 맞닥뜨리는 오만 가지 펜듈럼에 에너지를 산만하게 빼앗기는 것보다는, 공들여 선택한 소수의 펜듈럼에 에너지를 쏟는 편이 낫다. 이 문제는 뒤에서 다시 한 번 살펴볼 것이다.

일생을 걸고 해야 할 일을 찾았을 때, 좋아하고 잘할 수 있는 것에 전념할 때, 당신은 쓸모 있는 존재가 되었다고 느낀다. 자기만의 자리를 지키면서도 모두에게 기여할 수 있게 되는 것이다. 그렇게 되면 펜듈럼에 빠지고 싶은 욕구가 확 사그라진다. 정신적 과잉 활동이라는 것 자체도 이제 하나의 펜듈럼이 되어 가고 있다. 그러니 충분히 거리를 두고 보기 바란다.

## 외나무다리 위에서 균형 잡기

🪐『리얼리티 트랜서핑』에서 찾은 두 번째 개념은 바로 균형력이다. 이

는 정신적 과잉 활동인들이 진주처럼 귀하게 여길 만한 것이다. 아주 기본적인 물리학 얘기를 해 보자. 방 한가운데 똑바로 서 있기 위해서 대단한 에너지를 쓸 필요는 없으며 딱히 뭔가를 할 필요도 없다. 여러분은 그저 무게중심을 지지 기반(발)에 두기만 해도 나머지는 중력이 알아서 다 한다.

반면에 벼랑 끝에서 똑바로 서 있는 것은 그렇게 쉽지 않다. 허공으로 떨어질 것 같은 느낌이 들기 때문에 긴장이 되고 자기도 모르게 자꾸 몸을 뒤로 뺀다. 추락하지 않으려고 '균형력'을 가동시키는 것이다. 외나무다리를 건너갈 때에도 마찬가지다. 양쪽으로 벌린 두 팔이 바들바들 떨리면서 끊임없이 균형을 맞춘다. 그런데 허공에 놓여 있던 외나무다리를 거실 바닥에 갖다 놓고 그 위를 걷는다 치자. 양팔이 그렇게까지 흔들리지 않는다.

이 원리를 자기계발이라는 영역으로 옮겨 보자. 어떤 사건에 지나치게 중요성을 부여할 때마다 우리는 벼랑 끝에 홀로 서 있는 셈이다(혹은 30미터 높이에서 외나무다리를 건넌다고 해도 좋다). 이따금 정신적 과잉 활동인들은 전화 한 통에 목숨을 건다. 반대로 어떤 것(예를 들어 '돈')을 너무 가볍게 생각해도 골치 아파진다. 다시 말해, 벼랑 끝에서는 정신을 바짝 차리지 않으면 추락할 위험이 있다.

바딤 질랜드의 '균형력' 개념에서 내가 개인적으로 끌어낸 철학이 있다. 나는 이 철학을 일상에 적용하며 살아가려고 노력한다.

## 매사에 '적절한' 무게 두기

지나치지도 모자라지도 않게 무게를 두는 것은 요리조리 생각의 가지를 뻗어 나가는 정신적 과잉 활동인에게 특히 중요하다.

뭔가가 아주 중요하다는 생각에 압도당할 경우 정반대되는 두 가지 결과에 모두 겁을 먹게 된다. 이를테면 성공과 실패가 모두 두려워지는 것이다. 성공을 거두고 나서도 벽에 부딪힌다. 자신이 누구인지 보여야 한다는 의무감, 행동해야 한다는 의무감 탓이다. 반대로 실패를 하면 자존감에 상처를 입는다. 부끄러움을 느끼고, 좌절에 빠진다.

여기서 또 다른 물리 법칙을 고려해 균형력 개념을 보완할 수 있다. 자연은 균형을 필요로 한다. 균형력이 존재하는 이유도 다름 아니다. 그런데 30미터, 100미터 높이의 벼랑을 끙끙대며 올라가는 것보다는 벼랑에서 떨어지는 편이 쉽다. 이 원리를 자기계발 분야에도 적용해 실패를 설명할 수 있다. 성공보다는 실패하기가 더 쉽다. 어떤 프로젝트를 너무 중요하게 생각하면 균형력을 지나치게 많이 쓰게 되어 추락해 버릴 수도 있다. 실패하기 딱 좋은 시나리오인 셈이다.

따라서 중요성을 덜어 내고 싶다면 현재로 돌아와 플랜 B를 세워라. 기껏해야 전화 한 통 받은 것이지 않나! 첫술일 뿐이다. 다른 기회들이 주위에 많다. 특정한 한 가지 가능성의 중요성을 조금 덜어 내기 위해 여타의 모든 가능성을 곰곰이 생각해 보라. 그쪽으로 생각을 하지 않아서 그렇지, 여러분의 뇌는 그런 가능성을 찾아내는 데 아주 비상한 재주를 갖고 있으니까.

# 알맹이 없는 말에
# 휘둘린다

🪐 균형력과 비슷한 맥락에서, 나는 여러분이 입 밖으로 꺼낸 말을 지나치게 중시한다는 인상을 받았다. 언어학자 노엄 촘스키는 단어와 그 단어가 지칭하는 사물은 다르다고 말한다. '개'라는 단어는 물어뜯지 않는다. 말은 우리 경험에 붙이는 명찰에 불과하다. 명찰(단어)이 붙어 있는 구두상자 안에 개인 물건과 기념품(경험)이 들어 있다고 상상해 보라.

'나무'라는 단어를 예로 들어보자. '나무'는 상자에 붙은 명찰이고 이 단어의 의미는 우리의 경험에서 온다. 이 단어는 플라타너스, 떡갈나무, 사과나무, 침엽수림 등 다양한 것을 연상시킬 수 있다. 어떤 사람들은 진화 과정을 그린 계통수를 연상할 수도 있다. 나무 그늘 아래 단잠을 잔 적이 있다든가, 나무에서 떨어져 크게 다쳤다든가 하는 경험에 따라서 이 단어가 불러일으키는 감정의 수준도 달라진다.

단어가 주관적일수록 각자 자기만의 내용을 담기가 쉽고, 그렇기 때문에 오해가 빚어지기도 쉽다. 존중, 충직성, 참여 같은 단어가 여러분에게는 어떤 의미인가? 다른 사람은 이런 단어를 여러분과 자못 다르게 느낄 수 있다는 점을 기억하자. 가령 '게임'에서 어떤 사람은 놀이를 먼저 떠올리지만, 어떤 사람은 테니스 시합이나 체스 경기 같은 경쟁을 먼저 떠올린다.

모든 것을 지나치게 중요시하는 정신적 과잉 활동인은 흡사 이 상자 안에 내용물을 너무 많이 우겨 넣는 것과도 같다. 그래서 그들은 자꾸 단순한 명찰을 트집 잡는다. 상자에 뭐라고 명찰이 붙든지 보통 사람들은 그만큼 신경 쓰지 않는다. 이 때문에 여러분은 다른 사람의 발언이나 지시가 분명치 않다는 느낌을 자주 받는다.

심리 조종자는 여기서 한 발짝 더 나아간다. 그들은 아예 말을 공허한 것으로 여기고 조종 도구로만 사용한다. '약속도 들은 사람에게나 통한다'라는 격언을 액면 그대로 써먹는다고 할까. 그들은 속이 빈 상자를 유유히 팔아넘기고, 여러분은 그 상자를 빼곡 채우려고 한다. 사람 미치게 하는 짓이다. 심리 조종자는 말과 행동이 한참 따로 논다. 상자가 분명 텅 비었는데도 여러분은 자기가 들은 말에만 찰싹 매달려 있을 때가 너무 많다.

알맹이 없는 말, 좀 더 일반적으로 말하자면 '의미 없는 식상한 말'을 알아보는 요령이 필요하다. 이 문장을 한번 보자. "최대한 빨리 그 문제를 연구할 수 있도록 도움이 될 만한 모든 조처를 취하겠습니다." 이 문장에서 무슨 정보를 얻을 수 있나? 아무 정보도 없다. 아무도 반박할 수 없는 종류의 문장이란 다 이 모양이다. 자명한 얘기밖에 하지 않는 '하나마나 한 말'이다. "너는 여기, 내 앞에 서서 내 말을 듣고 있지." "우리는 이 프로젝트를 함께하려고 모였습니다." 재치 있게 이렇게 받아칠 수도 있겠다. "정말?"

어떤 말이 알맹이가 있는지 없는지 확인하고 싶다면 그 말을 부정해 보라. 반대 내용의 문장을 구성해 보면 아무데나 갖다 붙일 수 있는 말인지 아닌지 확 드러난다.

"나는 실업에 반대하고 고용 창출을 지지합니다." "이 프로젝트가 성공하기를 바랍니다." 이것들도 결국 "나는 내 자식들이(내 아내가) 잘되기를 바랍니다."와 같은 계열의 문장, 아무런 정보를 제공하지 않는 문장이다. 너무 빤해서 굳이 말할 필요가 있을까 싶은 내용이다. "아내의 인생을 망가뜨리고 내 자식들에게 해악을 끼치고 싶습니다."라고 말할 사람이 있을까? 어떤 문장을 반대로 말할 수 없다면, 그 문장은 별 가치도 없고 도움도 안 된다. 의미론적으로는 공허한 문장인 것이다. 이런 속뜻을 가려 내면 그 말은 힘을 잃는다.

그다음으로, 정보와 홍보를 구분하라. "이 크림은 이러저러한 성분으로 이루어져 있어요."라는 말은 정보에 해당한다. "이 크림은 피부를 매끈하게 해 준답니다." 이 말은 홍보다. 심리 조종자가 여러분을 붙잡아 놓는 말은 번지르르하지만 공허하고 빤하다. 게다가 점점 기만적으로 변해 갈 것이다. "네가 기뻐하는 일이라면 나는 뭐든지 해. 네가 만족을 못해서 문제지." 이 말의 상자는 텅 비어 있든가 오래된 신문 뭉치만 들어 있을 뿐이다.

하지만 심리 조종자가 확신 넘치는 말투로 이런 말을 건네면 여러분은 일단 자기 느낌을 의심한다. 여러분은 내게도 이렇게 반문한다. "그 사람이 그렇게 말했는데요?" 나는 대꾸한다. "그럼요, 말은 그렇게 했죠. 하지만 행동은 반대잖아요! 말은 말일 뿐이에요. 내가 이 의자가 초록색이라고 말하면 초록색인 건가요?"(이전 책에 실린 프랑수아의 메일을 기억하는가? 상담실 의자는 빨간색이다.) 어떤 이들은 서글프게 웃으며 이렇게 대꾸한다. "선생님이 초록색이라고 딱 잡아떼면 저는 '내가 색맹일지도 몰라, 사실은 저 의자가 초록색일지도 몰라.' 하고 생각할 걸요."

아무 말도 하지 않기 위한 말, 혹은 생각과 정반대되는 말은 여러분에게 무의미하다. 여러분은 굉장히 진실한 사람이기 때문에, 여러분의 상자는 꽉 차 있기 때문에 알맹이 없는 말, 거짓말에는 생각이 미치지 않는다. 하지만 어떤 사람들은 저글링을 하듯 말을 갖고 논다. 말에 상처받는 것도, 말에 취하는 것도 이제 그만두자. 언어학, 특히 노엄 촘스키의 변형생성문법에 대한 책을 읽어 보면 말의 무게를 좀 더 상대적으로 바라볼 수 있을 것이다. 게다가 여러분의 뇌는 의미론 분야에서의 이러한 발견을 재미있고 흥미롭다고 여길 것이다.


펜듈럼을 알아보고, 매사를 너무 중요하게 여기지 않고, 말의 진짜 알맹이를 파악하는 법을 배워라. 그렇게 제법 거리를 취할 수 있으면 작은 계기에도 양은냄비처럼 확 뜨거워질 일이 없다.

여러분은 넘쳐흐르는 감정 때문에 이 거리 두기가 되레 괴로울 수도 있다. 자기가 뜨뜻미지근한 사람, 아무 상관없는 사람, 자발성이 부족한 사람이 된다는 생각만으로도 참기 힘들어하는 이들이 있다.

자발성에서 잃는 만큼 진정성에서 얻고 간다고 생각하라. 짚불에 불과하던 것이, 더디지만 훨씬 힘차게 타오르는 장작불이 된다고 생각하라!

# 4장

## 늘 부족한 느낌, 자아 결핍

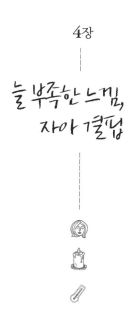

"우리가 가장 두려워하는 것은 우리가 해내지 못하는 것이 아닙니다. 우리가 가장 두려워하는 것은 우리 역량이 한계를 뛰어넘는 것입니다. 우리의 어둠이 아니라 우리의 빛이 그 무엇보다 두렵습니다. 우리는 스스로 묻습니다. 이토록 명석하고 눈부시고 재주 많고 놀라운 나는 누구인가? 사실, 그렇지 않은 사람이 어디 있습니까. 여러분은 신의 자녀입니다. 스스로 움츠러들어서는 세상에 도움이 될 수 없습니다. 깨달음은 다른 사람들을 불안하게 할까 봐 자기 자신을 단속하는 것이 아닙니다. 우리는 우리 안에 있는 신의 영광을 드러내고자 태어났습니다. 그 영광은 선택받은 몇몇 사람들에게만 있는 것이 아닙니다. 우리 한 사람 한 사람 안에 있고, 우리가 우리 빛을 드러내는 만큼 다른 사람들도 빛을 드러내도록 하는 것입니다."

－넬슨 만델라, 1994년 대통령 취임 연설

나는 사빈과 상담실에서 마주 앉아 있다. 그녀는 자기가 아무짝에도 쓸모없는 인간이라고 말한다. 나는 미소 짓는다. "쓸모없다고요? 그래도 의대를 졸업했잖아요!" (사빈은 산부인과 전문의다.) 그녀는 얼굴을 붉히면서 말을 더듬는다. "아, 그건 아무것도 아니에요! 어려운 일도 아닌데요, 뭐." 기가 막힌다. "의사 되는 게 어려운 일이 아니라고요? 그렇게 쉬운 일이면 아무나 의사가 되게요?" 사빈은 난처해하면서 변명한다. "아니, 그게 아니라…. 저는 그냥 운이 좋았어요!" 선뜻 동의하기 어렵다. "행운만으로 의사가 될 수 있나요? 나 참, 심각하군요! 한번 말해 보세요." 사빈은 다른 말로 둘러대려 한다. "제 말은, 시험 감독관들이 저를 잘 봐주셨다는 뜻이에요." 이번에도 나는 그냥 넘어가지 않는다. "사빈, 그런 말이 교수님들을 욕되게 할 수도 있어요. 실력도 없는 학생을 잘 봐줘서 의사로 키워 줬다는 건가요?" 사빈은 자기가 마땅한 자격을 갖춘 의사라는 사실을 인정할 수밖에 없고 잠깐 동안 아무 말을 못한다. 잠시 후, 그녀는 겸연쩍은 미소를 지으며 이렇게 말한다. "사실 차석으로 졸업을 하긴 했어요…."

이 이야기가 우스꽝스럽게 보일지 모르지만, 자신의 가치를 제대로 가늠하지 못한다는 점에서 여러분은 다 사빈과 같다. 여러분은 자신을 폄하하고 실제보다 심하게 낮게 평가한다. 아, 이 대목에서 여러분이 어떻게 나올지 그려진다. "맞아요, 하지만 자신감이 없는데 어떡해요!" 아니, 천만의 말씀, 오히려 그 반대다. 당신이야말로 당신의 자신감을 파괴하는 장본인이다. 실제로 여러분은 '겸손한 마음으로' 자기를 낮추고, 자신의 고유한 가치를 부정하는 일로 시간을 보낸다. 내가 『나는 생각이 너무 많아』에서 뭐라고 했는지 떠올려 보라. "자신의 우수성을 고려하지 않은 겸손은 거짓 겸손, 심하게는 경멸로 오해받는다."

다시 한 번 확인해 주겠다. 여러분의 '겸손'은 짜증나고 참기 어렵다. 다음 이야기도 일깨워 주는 바가 꽤 있을 것이다.

어떤 연수 프로그램에서 있었던 일이다. 참가자들은 소그룹으로 활동을 하고 내가 전체 감독을 맡았다. 좀 멀리서 참가자들을 전반적으로 살펴보고 있는데 발레리가 다리를 우아하게 꼬고 있는 모습이 눈에 들어왔다. 그 소그룹 쪽에 다가갔을 때 솔직하게 한마디 건넸다. "발레리는 다리가 참 예쁘네요!" 발레리는 허를 찔린 듯 허둥지둥했다. 얼굴이 벌게지고, 말을 더듬고, 몸 둘 바를 몰라 했다. 그녀는 사빈이 그랬듯이 어떻게든 칭찬을 부정하려 들었다. 나는 그렇게까지 발레리가 공황 상태에 빠질 줄은 몰랐지만 꿋꿋하게 밀고 나갔다. "발레리 다리는 정말로 예뻐요. 받아들이세요! 이런 상황에서 바람직한 유일한 반응은 칭찬 감사합니다, 라고 하는 거예요." 발레리는 조금 지나서 겨우 진정을 하고 마치 항복하듯 "고맙습니다."라고 말했다. 그녀는 진이 빠졌지만 이 의도치 않은 깜짝 칭찬의 결과로 자신의 심리기제가 어떻게 작용하는지 알 수 있었다.

발레리 맞은편에 앉아 있던 오딜도 표정이 말이 아니었다. 발레리의 안절부절 못하는 모습에서, 칭찬을 받을 때마다 우스꽝스럽게 반응하던 자기 자신을 보았던 것이다. 오딜은 타인을 통해서 본 자신이 얼마나 별난지, 칭찬을 한 사람이 그런 반응을 대하면 얼마나 떨떠름해지는지 깨달았다. 그녀는 이 말을 덧붙였다. "정말 바보 같죠. 저 자신이 남들을 칭찬하기 좋아하고 상대가 칭찬을 있는 그대로 받아들이지 않으면 속상해하면서 말이에요!" 그렇다니까! 여러분은 습관적으로 이중 잣대를 들이댄다. 남들에게 좋은 것은 다 꿰고 있으면서 자기도 그것을 누려야 한다는 생각은 아예 하지를 못한다.

사실, 여러분은 자신감 부족보다 자아 결핍이 더 문제다. 자아는 "고맙습니다!"와 "잘했어요!"를 양식으로 삼는다. 사빈, 발레리, 오딜처럼 이런 말을 자꾸 거부하면 자아는 굶주리고 걸신이 들린다. 그래서 여러분이 이유도 모른 채 불안하고 우울해지는 것이다. 우리는 이 문제를 바로잡을 것이다.

크리스틴 르위키(Christine Lewicki)는 『깨어나라!(Wake up!)』에서 이 겸손 문제를 다루었다(겸손은 정말 문제로 삼을 만하다). 그녀가 겸손에 대해서 뭐라고 하는지 들어보자. "겸손하기를 원하는 사람은 자신의 재능을 축소해야 하고, 그러다 보면 결국 그 재능을 볼 수 없게 된다.

겸손하기를 원하는 사람은 감히 자기가 주도하는 인생을 살지 못한다. 겸손해지고 싶어 하면 사람이 작아지고 차츰 자기를 의심하게 된다. 겸손해지려고 애쓰다 보면 가족, 직장, 공동체, 나라에 어울리는 그만그만한 교양만을 쌓게 된다. 가장 미흡하고 보잘것없는 것을 기준 삼아 줄을 맞추려는 우리 성향을 여러분도 간파했는가?"

여러분은 혜택받지 못한 가엾은 이들이 낙오될까 봐 자기 역량을 힘껏 발휘하지 않는다. 즉, 여러분도 이미 이해했겠지만, 겸손은 '가장 못한 것'을 기준으로 삼게 만들어 모두를 하향 평준화한다. 넬슨 만델라가 취임식에서 말했듯이 그런 것은 누구에게도 도움이 되지 않는다. 그래서 『나는 생각이 너무 많아』에서 나는 (거짓) 겸손과 공손을 구분해야 한다고 했다. 공손은 자기 재능을 죽어라 부정하지 않고, 있는 그대로 단순하게 인정하는 것이다. 우리끼리 하는 얘기지만, 그러한 부정은 바보스럽다. 아무도 그런 데 속아 넘어가지 않기 때문이다. 똑똑한 산부인과 의사이면서 자꾸만 운이 좋아 의사가 되었을 뿐이라고 말하는 사빈을 보면서 어떤 기분이 드는가? 딱하지 않은가?

아리엘 아다(Arielle Adda)는 영재들이 자신의 지적 가치는 아주 막연하게만 파악하면서 자신의 결점은 거의 고통스러울 만큼 뚜렷하게, 맹목적으로 의식한다고 했다. 그들은 완벽주의자이기 때문에 자신의 부족함과 단점을 끊임없이 확인하면서 괴로워한다. 아 참, 깜박했다! 여러분은 영재가 아니니까 상관없는 얘기다. 사빈처럼 자기 두뇌의 비상함을 죽어라 부정하는 여러분에게 내가 무슨 소리를 하는 건지.

## 내게 가장 중요한 사람은 바로 나

자아는 나쁜 말이 아니다. 자아, 즉 '에고(ego)'는 라틴어의 1인칭 대명사에서 왔고 '나'를 뜻한다. 자아는 일반적으로 자기 자신에 대한 표상이나 의식을 가리킨다. 어떤 때는 개인성의 근간으로 여겨지고(특히 심리학에서), 또 어떤 때는 자기계발의 걸림돌처럼 여겨진다(특히 영성 분야에서). 어떤 이들은 자아와 거짓 자기(faux-self)를 혼동한다. 자아 하면 사람들은 대개 좋게 말하지 않는다. 약간 혐오스럽다는 듯이 이 단어를 들먹이거나, 당신은 당신 자아 때문에 문제라는 식으로 비난하기 바쁘다. 하지만 여러분의 경우는 이미 심각한 자아 결핍에 시달리고 있다.

자아는 우리의 정체성, 단일성, 인간성의 핵심이다. 자아는 우리 심리의 지문(指紋)에 해당한다. 이 사람과 저 사람을 구별하는 근거도 자아에 있다. 이러한 자아는 우리의 가장 연약하면서도 정다운 부분이기도 하다. 그런데 우리는 자아를 나쁘게 말하면서 얼마나 학대하고 있는가!

나는 내게 가장 중요한 사람이다. 당연한 얘기다. 내가 나를 부정할 수도 있고 받아들일 수도 있지만, 그 사실을 바꿀 수는 없다. 여러분에게도 가장 중요한 사람은 여러분 자신이다. 여러분은 심란할지 모르지만 어쩔 수 없는 생물학적 진실이다. 여러분 자신을, 여러분의 건강과 안녕을, 여러분의 자기계발을 돌보고 살필 사람은 여러분밖에 없다. 이 생물학적 현실을 부정한다면, 사회심리학자인 자크 살로메(Jacques Salomé)가 딱 맞게 표현한 대로 나는 '부정하는 자신(soi-niant)'이 되어 '부정당한 자신의 여러 모습(soi-niés)'을 상대해야 한다. 번아웃이 언제고 모퉁이에서 나를 덮칠 것이고, 그때 비로소 나 자신에게 귀 기울이지 않는 태도가 혹독한 대가를 치러야 한다는 걸 알게 될 것이다.

반면, 내가 현 상태를 받아들이면 그때부터 자아를 배려할 수 있고 결과적으로 자아는 충분히 양식을 섭취하고 안정감을 얻는다. 내가 타인들과 상호작용하는 와중에 자아가 배고프다고 울부짖을 일이 없다는 얘기다. 여러분의 정신적, 신체적 건강은 여러분 소관이다. 여러분 말고는 책임지고 보살필 사람이 없다.

아마 이런 금언들을 알고 있을 것이다. "제대로 된 자선은 가까운 데서부터 시작한다(너 자신에게 베푸는 것에서부터 시작하라)." "네 이웃을 네 몸 같이 사랑하라(네 몸은 제쳐 놓고 이웃을 사랑하라는 말이 아니다)." 그러나 여러분 가운데 이 금언들을 실천하는 사람은 별로 없다. 여러분에게는 되레 남들이 먼저다. 다른 사람들이 행복하고 안전하게 잘 지내는지 신경 쓰기 바쁘다. 아, 물론 그것도 중요한 일이다. 하지만 자신의 안위와 행복을 챙기는 것이 한참 나중 일이니 문제다.

나는 가끔 이 문제를 지적했다가 항의를 받는다. "아뇨, 그렇지 않아요! 저도 남들이 제게 마음 써 주는 게 좋아요! 저도 사랑과 관심을 바란다고요!" 하지만 그런 기색이 여러분의 행동에서 읽히지 않는다. 여러분은 받을 줄 모른다. 자기 욕구에 귀 기울일 줄 모른다. 그래서 유해한 인간관계가 자신을 갉아먹게 내버려 두고, 내면의 비판자가 끊임없이 자기를 나쁘게 말해도 내버려 둔다.

나는 여러분이 어떻게 그러는지 그 요령을 간파했다. 여러분은 스스로에게 "괜찮아!"라는 마법의 주문을 건다. 이 사소한 한마디에 기대어 별의별 것을 꿀꺽 삼켜 버린다. 여러분은 남들의 못된 짓거리, 여러분이 자초한 환멸, 부정당한 욕구를 과소평가한다. 자연스러운 자기중심주의가 생물학적으로나 심리적으로나 이롭다는 점에서, 이 얼마나 안타까운 일인가.

피로, 슬픔, 분노, 두려움을 부정할 때마다 우리는 조금씩 더 좌절한다. 자신을 모욕하고, 자신에게 부당한 짓을 저지르는 셈이다. 그때마다 우리의 영혼(자아)은 말없이 눈물 흘리고 시들어 간다.

자기 자신에 대한 애정 결핍이야말로 최악의 자기 학대다. 공정함을 사랑하는 여러분이라면 누구도 그러한 자기 학대를 겪어서는 안 된다고 생각할 것이다. 그렇다면 여러분 자신도 예외로 치지 말라. 누구보다도 나 자신이 일단 그런 취급을 받아선 안 된다. 부처조차 "너 자신을 제쳐 놓은 자비는 불완전하다."라고 말했다.

여러분에게 이렇게 자기에 대한 배려가 부족한 이유는 뭘까? 부분적으로는 거짓 자기 때문이라고 볼 수 있다. 여러분은 타인들의 거부와 몰이해에 익숙해진 나머지 자기 자신, 자기 느낌에서 괴리되어 거짓 자기를 구축해 왔다. 여기에 나는 남들과 다르다, 고로 나는 부족하다는 생각이 가세하여 사기를 꺾고 자신을 낮추어 보게 만든다.

하지만 무엇보다 비대하게 발달한 이타성과 휴머니즘을 고집하면서도 그 신념에서 자기 자신은 열외로 친다는 것이 문제다. 이 문제는 구조적인 것으로 보이지만 바꿀 수 있다. 어쨌든 해결책은 있다. 절대로 그 상태에서 손 놓고 있으면 안 된다.

## 남에게 권한을 떠넘기지 마라

스티븐 프레스필드는 『터닝 프로(Turning Pro)』에서 이렇게 썼다.
"멘토나 스승을 좇아 살아 본 적 있는가? 나는 그렇게 살았었다. 나는 내 권한을 애인이나 아내에게 넘겨주었다. 전화기를 붙잡고 그들의 허락을 기다리곤 했다. 일을 할 때도, 바들바들 떨면서 남들의 판단을 기다렸다. 나는 그렇게 내 힘을 어느 한 시선에 은근히 넘겨주든가, 때로는 부끄러움도 없이 만인이 보는 앞에서 대놓고 넘겨 버렸다. 배척당하고 따돌림당하고 실패하는 것이 좋은 일이 되기도 한다. 그때 비로소 다른 사람이 아닌 나 자신이 중심에서부터 행동할 수 있기 때문이다. 여러분이 구덩이에 빠질 때 나는 차라리 박수를 치련다. 그 구덩이 밑바닥에는 오로지 자기 자신밖에 없기 때문이다.”

　의심, 의문, 망설임, 형편없는 자존감으로 허덕이는 당신은 남들이 당신을 안심시켜 주기를, 당신이 할 일을 정해 주고 대신 선택해 주기를 바란다. 게다가 남들의 허락이 떨어져야만 자기 본연의 모습을 보일 수 있는 것처럼 생각한다. 물론 여러분이 경험상 남들의 거부를 두려워하는 것도 이해는 간다. 하지만 그러한 태도는 자신의 권한을 지나치게 남들에게 떠넘기는 것이다. 그만큼 남들에게 책임도 떠넘기게 된다는 것을 왜 모르는가. 더욱이 그들이 감당할 수도 없는 책임을. 당신의 가치를 왜 남들이 말해 줘야 하나. 당신이 생각해야 할 바를 왜 남들이 말해 줘야 하나. 영화배우 뱅상 카셀은 인터뷰에서 촬영장에서 확신이 서지 않을 때에도 남들에게 방해가 될까 봐 그런 마음은 속에만 담아 둔다고 했다. 실제로 영화감독, 프로듀서, 다른 배우 들도 촬영장에서 이런저런 자기 의심에 시달리기는 마찬가지다. 기술팀 사람들도 저마다 자기만의 선택, 자기만의 결단이 있다.

자기 의심을 다스리는 것은 남들이 할 일이 아니다. 큰 소리로 속마음을 토로하고 의심, 두려움, 망설임을 고백하면서 자기 밖에서 위안을 구한다는 것이 얼마나 주변 사람들까지 심란하게 만드는지 한번 제대로 생각해 보기 바란다. 특히 부모를 든든하게 여겨야 하는 아이들 앞에서는 언행을 조심하라. 자칫 흘러내리는 모래 같은 마음에 아이들까지 끌어들여 불안을 조장하고 아이들을 망칠 수 있다.

여러분의 끝없는 불안이 연애를 망칠 수 있다. 직장생활을 망칠 수도 있다. 직장 선배나 상관은 여러분에게 자신감을 심어 주기 위해 있는 사람이 아니다. 홀로 선택하고 자신감을 충분히 쌓아 자율성을 계발해야 한다. 자기 의심은 속으로 담아 두고 자신을 관리하는 법을 배워라.

# '자신감 오뚝이' 채우기

🪐 나는 자신감을 곧잘 오뚝이에 비유한다. 다들 알다시피 이 장난감은 둥그런 아래쪽에 무거운 내용물이 차 있다. 그래서 쓰러져도 금방 일어나 좌우로 흔들리다가 어느새 균형을 잡는다. 자신감이 없는 사람은 아래쪽이 충분히 채워져 있지 않은 오뚝이 같다. 이러한 오뚝이는 균형을 끝내 잡지 못하고 쓰러지든가, 한참을 휘청거린 후에야 겨

우 균형을 찾는다. 지나가듯 건넨 칭찬 한마디에 한참을 동요했던 발레리를 떠올린다면 금세 이해가 갈 것이다. 여러분이 딱 그렇다. 비판, 칭찬, 다소 깊이 들어간 생각에도 여러분은 금세 휘청거린다.

반대로 오뚝이가 아래쪽뿐만 아니라 위쪽까지 꽉 채워져 있으면 아예 흔들리지도 않는다. 자기가 믿는 바를 의심할 줄 모르는 어리석은 자들, 세상에 대한 고정관념으로 꽉 막힌 자들이 바로 이렇다. 말이 나온 김에 덧붙이자면, 여러분은 자신만만한 그들에게 압도당하고 그들의 단호한 발언에 깊은 인상을 받는다. 나에게도 그들 같은 자신감이 있으면 얼마나 좋을까. 그래서 자칫 그런 사람들에게 당신의 권한을 넘기고 어떻게 해야 하는지 가르쳐 달라고 청할 위험이 있다. 여러분이 지향해야 할 목표는 이 양극단 사이, 다시 말해 제대로 된 논증에는 흔들리되 그럼에도 이내 균형을 잡을 수 있는 오뚝이가 되는 것이다.

인터넷에 떠도는 유명한 말이 있다. "만 권의 책을 읽은 학자는 언제나 의심을 거두지 않는다. 한 권밖에 읽지 않은 근본주의자는 자기가 진리를 아노라 확신한다." 여러분을 어리석은 자나 근본주의자로 만들 생각은 추호도 없다. 내 목표는 오뚝이를 머리끝까지 꽉 채우는 것이 아니라 바람 한 줄기에도 크게 휘청거리지 않을 정도로만 자신감이라는 기반을 다져 주는 것이다. 자기 의심을 다스릴 줄 알아야 열린 자세도 취할 수 있다.

바닥이 비어 있는 오뚝이는 심리 조종자의 손에 놀아나기 십상이라는 점도 잊지 말자. 어차피 비어 있는 공간이니까 심리 조종자의 세계관으로 채우기도 쉽다. 원주민들이 건실하게 살아가는 땅은 정착민 없는 땅에 비해 식민지로 삼기 어렵다. 중심이 잘 잡혀 있는 사람은 쉽게 무너지지 않는다.

게다가 자신감은 증발하기 때문에 수시로 채워 줘야 한다. 오뚝이도 아래에 들어 있던 물이나 공기나 모래가 빠지면 제 구실을 못한다. 예를 들어, 6개월 동안 계속 백수로 지낸다면 자신감이 바닥을 칠 것이다. 실업자의 비극이 여기에 있다. 실업 기간이 길어질수록 실업자는 다시는 아무 일도 못할 것 같다는 생각이 든다. 자신감은 끊임없이 회복하고, 북돋우고, 관리해야만 한다.

여러분의 오뚝이를 잘 채우는 방법을 몇 가지 소개한다.

### 성공은 성공으로 받아들여라 "그래요, 하지만…"은 그만!

앞에서도 말했듯이 자신을 믿고 그 믿음을 단단히 하려면 "고맙습니다."와 "잘했어요!"가 필요하다. 그런데 여러분은 아무것도 인정하려 들지 않는다. 의사도 아무나 되는 것처럼 말하는 판국이니! 어차피 다 우연이나 행운의 소관 아닌가? 여러분은 결코 대단한 일을 한 적이 없고 늘 상황이 잘 풀려서, 혹은 누구나 할 수 있는 쉬운 일이어서 이 런저런 성공을 거두었을 뿐이다.

똑똑히 기억하라. 그런 말에 속을 사람은 자기 자신뿐이다. 당신만큼 일이 쉽지 않았던 사람들은 그런 말을 들으면 더 짜증이 난다. 여러분은 이미 근사하고 훌륭한 성취를 많이 이룩했다. 이제 그 모든 것을 값진 성취로 인정할 때다. 가족이나 친구의 도움을 받아 여러분이 지금까지 해낸 일, 자랑스럽게 여기는 일 50가지를 목록으로 작성해 보라. 기록이나 수치를 정확히 꼽아 가면서 목록을 작성하라. 성공을 성공으로 인정하지 않는 여러분의 수법 중 하나가 바로 모호하게 뭉뚱치기이기 때문이다. 예를 들어 보겠다.

"저는 연극 쪽 일을 해요."

"얼마나 하셨어요?"

"아, 4년인가 5년인가…."

"몇 작품이나 하셨는데요?"

"다섯 편? 여섯 편?"

자기가 정확히 얼마만큼 일을 했는지 알아야 인정을 하든지 말든지 할 것 아닌가. 연극배우로 일한다는 이 사람은 나중에 모기만 한 소리로 이렇게 덧붙였다. "실은 노래도 하는데…." 4년이나 성악을 했고 그 후 3년째 재즈밴드를 하고 있다는 사실은 아예 감추고 있었던 것이다. "실은 노래도 하는데…."라고 지나가듯 한 말이 실제로는 "7년간 거의 프로에 가깝게 무대에 서고 있습니다."라는 뜻이었다. 허세나 과장이 아니라 객관적인 사실이 그랬다.

우리는 이미 겸손에 대해서 얘기했다. 여러분은 겸손에 얽매여 자신의 능력을 객관적으로 평가하지 못한다. 제대로 측정하고, 수치화하고, 기록을 재고, 점수를 계산하는 것도 성공을 받아들이는 방법이 된다. 보통 사람들은 오히려 너무 그런 데 연연해서 탈이지만, 어쨌든 자신감이라는 측면에서는 잘하는 일이다.

그리고 이제 나는 "그래요, 하지만…" 소리를 듣는 데 질렸다! 여러분은 이 말이 앞서 나온 발언에 미묘한 차이를 가져다준다고 생각하겠지만 전혀 그렇지 않다. "그래요, 하지만…"은 앞서 나온 발언을 뒤엎는다. "나도 좀 더 있고 싶어, 하지만…"이라는 말은 당신이 이제 그만 가야 한다는 뜻일 뿐이다. 마찬가지 맥락에서 내가 "당신은 참 좋은 분이에요, 하지만…"이라고 말을 꺼냈으면 그 뒷말은 들을 필요도 없다. 그건 내가 상대를 그리 좋게 생각하지 않는다는 뜻이니까. 따라서 성공을 성공으로 받아들일 생각이라면 "그래요, 하지만…"은 집어치워라. 이것은 훈련할 수 있다. 가족과 친구들에게 앞으로 가급적 칭찬을 자주 해 달라고 부탁해 보자. 칭찬을 듣고 펄쩍 뛰면서 부정하는 말을 하면 2유로, "맞아, 하지만…" 식으로 토를 달면 1유로를 상대에게 주기로 하자. 여러분의 주변 사람들은 주머니를 금세 두둑이 채울 수 있을 것이다!

"발레리는 다리가 진짜 예뻐요!"

"어머, 고맙습니다."

"사빈, 의사가 되다니 정말 대단해요!"

"고맙습니다!"

훈련을 통해서 조금씩 더 나아갈 수 있다. "정말 감사합니다." "칭찬해 주셔서 고마워요." "감사해요, 그렇게 말씀해 주시니 너무 좋네요." 요컨대 여러분이 누군가를 칭찬하면서 상대에게 기대하는 반응을 여러분도 보여 주라는 얘기다. 오딜, 무슨 말인지 알겠지요?

## 성품 좋고 능력 있다는 걸 증명할 필요는 없다

아침에 눈뜨는 순간부터 잠자리에 들 때까지 여러분을 떠나지 않는, 뭔가 사기를 치는 것 같은 느낌을 『나는 생각이 너무 많아』에서도 다룬 바 있다. 특히 여러분의 작업을 보고 사람들이 찬탄할 때면 이 느낌이 더욱 거북해진다. 정신적 과잉 활동인들은 언젠가 자신의 사기 행각이 만천하에 드러나 형편없는 인간이라는 게 까발려지고 망신살이 뻗칠 거라고 믿으며 살아간다. 하지만 절대 그렇지 않다.

첫째, 진짜 사기꾼들은 의도적으로 거짓말을 하고 속임수를 쓰고 사람들을 희롱하지만, 여러분은 아니다. 둘째, 사기꾼들은 민낯이 드러나도 부끄러워하지 않는다. 그들은 발을 헛디뎌도 고양이처럼 유유히 착지한다. 가령 공개적으로 탈세자들을 비난해 놓고서 정작 본인은 수년간 세금, 소송비용, 임대료 한 푼 내지 않았고 문제가 불거진 후에도 '행정공포증' 때문이라고 변명한 어떤 정치인(올랑드 정부에서 통상국무장관을 지내다 사임한 토마 테브누-옮긴이)을 여러분도 기억할 것이다. 여러분은 그렇게 살아 보라고 해도 못할 사람들 아닌가!

여러분은 기본적으로 여느 사람들 못지않게 좋은 사람이다. 큰 죄를 지은 적도 없고, 비록 자기 성에는 차지 않을지언정 최선을 다해 살아왔을 것이다. 그러한 여러분에게 이런 충고를 하고 싶다. 사기꾼이 된 것 같은 기분은 고이 접어 청바지 뒷주머니에나 집어넣어라. 그 다음에는 전진하라. 그 기분이 뒷주머니에서 튀어나오려 하거든 엉덩이를 툭툭 치면서 한마디해 줘라. "어이, 거기 잘 있는 거지? 네가 없어지면 내가 더 놀랄걸? 함께 가자, 이왕 사기꾼 기분 드는 거, 멋지게 해 보자고!"

여러분의 두려움이나 자기 의심도 같은 자세로 안고 갈 수 있다. 그러한 감정을 주머니에 집어넣고, 그럼에도 앞으로 나아가는 것이다. 진정한 용기는 두려워하지 않는 것이 아니라 두려움을 무릅쓰고 전진하는 것이다.

사기꾼이 된 것만 같은 감정에서 자기 가치를 '입증해야만' 한다는 착각이 나온다. 이 착각은 여러 이유에서 매우 해롭다. 외과의사가 이렇게 말한다고 상상해 보라. "내가 맹장수술을 할 수 있다는 것을 증명해 보이지요!" 이 말을 듣고 수술을 받을 환자가 있을까? 자기 가치를 입증하고 싶어 하는 심리도 부조리하기는 마찬가지다. 내 가치를 증명하려고 애쓸수록 남들은 그 가치를 의심하게 마련이니까.

그리고 내가 여러분에게 가치를 입증할 필요가 없다고 강조하는 이유는, 뭔가를 입증한다는 것은 일종의 도전이고 여러분의 뇌는 도전에 민감하기 때문이다. 이미 알다시피, 여러분의 뇌는 도전을 마다하기는커녕 환장하고 달려든다. 자기 능력에 대한 인정은 자기 밖에서 오는 것이 아니기 때문에 그만큼 여러분은 함정에 빠지기도 쉽다. 환자에게 좋은 말을 듣는다고 의사가 자기 가치에 대해서 안심할 수 있을까?

게다가 자기 가치를 입증하고자 하는 욕구에는 '파리'들이 꼬이기 쉽다. 여러분의 특이성을 알아차리고 이용해 먹으려고 달려드는 파리들이 있다. 심리 조종자가 자기에게 이로운 일을 일종의 도전처럼 포장해서 여러분에게 내밀기란 식은 죽 먹기다. 그와 동시에, 그 파리 같은 인간들은 여러분의 자존감을 갉아먹을 수작으로, 여러분의 가치를 입증할 도전과제를 제시하고는 여러분의 모든 시도를 깎아내린다. 그 수작은 어김없이 여러분을 무릎 꿇릴 것이다. 그들은 정말로 악의를 품고 그런 요청을 하기 때문에 더욱더 파괴적이다. 그들은 항상 여러분에게서 더 많은 것을 뜯어내려 한다.

그러니 좋은 사람으로 살되, 그 사실을 입증하려고 시간을 낭비하지는 말라. 자신을 정당화하겠다는 생각 없이 그저 할 일을 하고, 여러분의 가치를 제대로 볼 줄 아는 사람들의 칭찬을 순순히 받아들여라.

## 자신의 가장 친한 친구가 되어라

우리는 내면의 방해자라는 주제도 다루었다. 여러분이 진즉에 그 폭군을 쫓아냈기를 바란다. 이제 할 일은 자기 마음속의 대화가 정말로 다정하고 긍정적이며 활기를 띠는지 확인하는 것뿐이다. 가장 좋아하는 친구에게 말하듯 자기 자신에게 말을 건네라. 『나는 생각이 너무 많아』를 읽고서 이미 자기 자신을 대하는 화법이 많이 개선되었으리라 믿지만, 여러분은 더 발전할 수 있다.

아주 똑똑한데도 늘 자신 없어 하고 소심하기만 한 누군가를 지도해야 한다면 어떻게 행동할지 생각해 보라. 그 사람을 안심시키고 기운을 북돋워 주기에 적절한 몇 마디 말을 알고 있는가? 그게 바로 여러분 자신이 들어야 할 말이다. 자, 지금 당장 시작하자. 그 말을 자기 자신에게 건네라.

## 내 안의 왕자 · 공주를 보살펴라

모든 두꺼비 안에 왕자가 잠들어 있다. 왕자를 깨우기만 하면 되지, 두꺼비를 죽일 필요는 없다.
– 에릭 베른

당신은 남들에게 잘하는 법은 기가 막히게도 잘 안다. 남들의 잠재력을 간파하고, 그들도 깨닫게 하고, 능력을 계발하도록 돕는 감각은 끝내준다. 신데렐라의 요정 대모님도 울고 갈 정도로 누더기를 무도회 드레스로 바꿔 놓고, 개구리들을 왕자와 공주로 둔갑시킨다. 그런데 여러분 자신은? 여러분 내면의 왕자, 공주는 어떻게 대하고 있는가? 자기 자신을 위할 줄 아는가? 자기를 세심하게 보살필 줄 아는가?

이제 여러분의 후한 인심을 자기 자신에게로 돌릴 때다. 이 말을 거듭 되새기면서 자신이 훌쩍 크는 기분, 숨통이 확 트이는 기분을 느껴 보라. 자신의 아름다움, 힘, 독창적인 빛과 다시 만나라. 어떻게 하느냐고? 어려울 것 없다. 만약을 생각하고 떠오르는 대로 행동하면 된다. 내가 내게 인심을 베푼다면, 내가 나를 진심으로 사랑한다면, 나는 지금 어떻게 행동하고 있을까? 나는 어떤 점에서 내게 잔인하게 굴었나? 내면아이와의 대화, 긍정적인 자기주장, 명석하고 힘 있는 자아상 그리기 등의 기법을 활용하라.

무엇보다도, 나 자신을 참아 주고 너그러이 대하는 것이 중요하다. 자기에게 인심을 베풀고 자기가 뿜어내는 빛을 두려워하지 않으려면 시간이 걸린다. 자기 자신과 결혼했다고 생각하고 사랑스러운 배우자 대하듯 자신을 대하라. 내가 좋아하는 보석 광고 카피가 있다. "잊지 마세요, 당신 인생의 여자는 당신입니다!" 남자들에게도 똑같이 말할 수 있다. 여러분 인생의 남자는 여러분 자신이다! 그러니 그에 걸맞은 방식대로 대우하라.


여러분은 지금까지 이중의 제약에 갇혀 있었다. 인정받고 싶은 욕구는 태산 같은데, 자신을 드러내는 것도, 거부당하는 것도 끔찍이 두렵다. 내가 나를 이해하고 인정하고 사랑하지 못하는데, 남들이 어떻게 그러겠는가.

여러분의 진정한 자아를 회복하라. 거짓 자기가 아니라 그 자아가 사랑을 받아야 한다. 자아를 예뻐하고 잘 먹이고 보살피는 법을 배우다 보면 자아는 어느새 안정될 것이다. 잘 먹고 잘 자란 자아는 남들과의 상호작용에서나 전반적인 인간관계에서나 평온하기 그지없다. 여러분의 힘, 견실함, 자신감도 크게 성장할 것이다.

사람인 이상, 자기가 되고 싶은 모습과 실제 자기 모습은 다른 게 당연하다. 자신의 모든 면을 겸허하게 사랑하는 법을 배워야 한다. 여러분은 불완전한 모습 그대로 이미 완벽하다.

2부

# 틀린 게 아니라 다를 뿐, 정신적 과잉 활동 깊이 이해하기

5장

정신적 과잉 활동과
영재성

# 그냥 보통 사람과
# 다를 뿐인가?

고질적인 자아 결핍을 채우는 가장 일차적이고 탁월한 수단은 작
정하고 두려움 없이, 거짓 겸손 없이 자기 자신을 제대로 바라보는 것
이다. 『나는 생각이 너무 많아』를 쓸 때부터 나는 이 문제를 제기했다.
우리가 말하는 정신적 과잉 활동인은 도대체 어떤 사람인가? 우리는
무엇을 두고 정신적 과잉 활동 운운하는 것인가? 재능을 타고났고,
지적 잠재력이 높고, 조숙한 사람이 정신적 과잉 활동인인가? 난독증,
철자습득장애, 계산장애, 부전실어증, 이른바 기계치 등과는 관련이

없을까? ADHD, 과잉 행동인들은? 자폐아는? 우뇌형 인간, 경계성 인격, 양극성 인격은? 자폐인 동물학자 템플 그랜딘(Temple Grandin)은 『나의 뇌는 특별하다(The Autistic Brain)』에서 지적 잠재력이 높은 사람들과 난독증 환자들 사이에는 이쪽도 저쪽도 아닌 사람들이 실제로 존재한다고 지적했다.

나는 보통 사람들의 연구 방식, 즉 현상들을 따로따로 떼어내고 고립시켜 그중 어느 한 갈래에 특히 천착하는 방식 때문에 정신적 과잉 활동 현상도 큰 그림으로 보지 못한다는 생각이 든다. 정신적 과잉 활동인은 자기가 어떤 사람인지 이해하기 위해 이처럼 다양한 명칭과 내용 사이에서 분류 작업을 하지 않을 수 없다. 그러한 명칭과 내용 들은 서로 겹치는 부분도 있고 상호 보완적인 부분도 있지만, 어쨌든 정신적 과잉 활동을 통합적으로 파악하지 못한다. 게다가 정신적 과잉 활동인은 자기네 규준 밖에 있는 것을 죄다 싸잡아 병 취급하는 보통 사람들의 경향으로부터 자기 자신을 지키기도 해야 한다.

정신적 과잉 활동인은 그냥 보통 사람들과 다를 뿐인가, 아니면 뭔가 결함이 있는 것인가? 온갖 명칭이 난무하는 이 정글에서 그가 자기 자리를 잡고 자기 뇌가 어떻게 기능하는지 이해하기란, 특히 '정상적인 다름'은 무엇이고 '비정상적인 다름'은 무엇인지 속 시원하게 알기란 너무나 힘들다.

# 이리저리 뻗는
# 생각의 네트워크

지능이라는 걸림돌을 다시 조금 살펴보겠다. 여러분이 내 주장에 이의를 제기하는 대목이 바로 이 부분이다. 여러분 중에서 자기가 평균 이상으로 머리가 좋다고 인정하는 사람은 드물다. 아니, 대다수는 큰일 날 소리라는 듯 펄쩍 뛴다. 데카르트가 이런 말을 했다. "지성은 인간들에게 가장 공평하게 배분된 것이다. 어차피 자기가 지닌 지성으로 판단을 내리기 때문에, 누구나 자기는 충분히 지성 있는 사람이라고 생각한다." 나는 이 독설이 보통 사람들에게는 들어맞지만, 정신적 과잉 활동인에게는 해당되지 않는다고 본다. 그들은 자신의 정신 능력을 객관적으로 평가하지 못하기 때문이다. 나는 여러분이 더 이상 지능이라는 유해한 개념을 물고 늘어지지 않기를 바라는 뜻에서, '생각'이라는 단어에 초점을 맞추고 싶다. 보통 사람들의 사유와 달리 여러분에게는 복합적이고 네트워크를 이루는 사유 체계가 가능하다는 점만을 조명하고자 한다.

『나는 생각이 너무 많아』에서 나는 여러분의 사유는 여러 갈래로 뻗어 나가는 반면, 보통 사람들의 사유는 직선적이고 순차적이라고 지적했다. 바로 이것이 여러분의 사유 기제를 이해하는 첫걸음이다. 하지만 이렇게 설명해도 여러분의 두뇌 작용을 부분적으로밖에 파악할 수 없다는 것을 곧 깨달았다. 가지를 이리저리 뻗는 생각 나무라는 비유는 불완전할 뿐 아니라 정확하지도 않다. 이 네트워크는 다방면에 걸쳐 있는 데다 반대 방향으로도 뻗기 때문이다. 사실, 나뭇가지들이 뻗어 나가는 양상도 어떤 면에서는 직선적이다. 나는 '복합적 사유'라는 개념을 발견하고는 여러분의 두뇌 작용을 설명하기에는 이 개념이 더 잘 맞는다고 생각했다. '복합적'이라는 게 꼭 까다롭고 어렵다는 의미는 아니다.

에드가 모랭(Edgar Morin)은 복합적 사유를 이렇게 정의한다. "복합적 사유는 무엇보다도 연결하는 사유다. 라틴어 '콤플렉서스(complexus, 한데 엮인 것)'에 가장 근접한 의미가 바로 이것이다. 인식의 영역을 학문 분과로 나누고 구획 짓는 전통적 사유 방식과 달리, 복합적 사유는 엮어 나가는 사유 방식이라 하겠다. 따라서 이 사유는 인식 대상들을 고립시키는 데 반대한다. 오히려 인식 대상을 맥락 안으로, 가급적 그것이 속한 전체 속으로 돌려놓고자 한다."

그래서 복합적 사유가 어떻게 작용하는지 지켜보면 매우 체계적이라는 사실을 알 수 있다. 복합적 사유에서는 데이터를 맥락 속에서 분석한다. 복합적 사유는 홀로그래피와도 같다('홀로그래피'라는 단어 자체가 그리스어 'holos(전체, 전부)'와 'graphein(기록하다, 그리다)'을 합쳐 만든 것이다 – 옮긴이). 부분이 전체 안에 있고 전체는 부분 안에 있다. 이 사유는 직선적인 인과관계에 얽매이지 않고 소급적으로, 다시 말해 역방향으로도 작용한다. 또 전반적인 주관성과 불완전성까지도 고려한다.

복합적 사유는 결코 완벽할 수 없거니와 완결되지 않는 사유, 오히려 늘 진전 상태에 있는 사유다. 이 사유는 목적을 가진 메커니즘, 원인과 결과의 상호 피드백을 고려하기에 적합하다. 그래서 복합적 사유는 위성항법장치(GPS) 비슷하게 작동한다. 목표만 정해졌지, 그에 도달하는 수단은 늘 가변적이다. 언제나 경로는 재탐색되고 재조정될 수 있다. 그러나 GPS 비유는 딱 여기까지만 들어맞는다. 여러분의 사유 체계에서는 목표마저도 가변적이기 때문이다. 변함없는 것은 휴머니스트로서의 가치관 정도일까. 게다가 복합적 사유에는 위계가 없다. 따라서 특정 요소가 체계를 통제하지 못한다. 여러분이 위계와 관련된 개념들을 좀체 소화하지 못하는 이유도 아마 여기에 있지 않을까?

복합적 사유는 단순하고 평면적인 것에 금세 흥미를 잃고 지루해한다. 복합적으로 생각하는 사람은 곧잘 주의력이 떨어진다는 말을 듣지만, 실상은 재미없고 지겨워서 그럴 때가 많다. 원인은 그에게 별로 자극이 되지 않는 일, 흥미 없는 주제다.

예를 들어, ADHD 딱지가 붙은 자녀를 둔 부모들은 아이가 수업에는 집중을 못해도 레고는 몇 시간이고 집중해서 한다고 말한다. 앞에서 말하는 사람이 질질 끌 때, 본론으로 들어가지 않고 변죽만 울릴 때, (정신적 과잉 활동인의 시각에서는) 쓸데없는 세부사항에 연연할 때, 조금 설명하다 정리하기를 반복해서 감질나게 굴 때, 정신적 과잉 활동인은 집중력이 달아난다. 그래서 때때로 어떤 집회나 회의는 고문 같다. 정신 활동이 과도하게 활발한 아동들도 마찬가지다. 수업 시간이 이 아이들에게 죽도록 지루할 수도 있다. 여러분은 지적 자극이 모자라면 우울해지고 심한 경우 죽고 싶다는 생각까지 든다.

반대로 여러분이 여러 차례 내게 증언했듯이, 자신에게 딱 맞는 강도의 자극을 만나면 정신적 오르가슴을 느낀다 해도 과언이 아니다. 그런데 일상생활에서 그 정도로 강렬한 자극을 받는 일은 별로 없다. 따라서 복잡한 것을 좋아하는 이 경향을 경계하라. 그저 머리 좀 굴려 본다는 즐거움에, 혹은 복잡해 보이는 겉모습에 혹해서, 자칫 현실과 수백 광년 떨어진 지점까지 가 버리는 삽질을 할 수도 있기 때문이다. 다시 한 번 똑똑히 알아 두자. 이해가 안 간다면 그건 여러분이 바보라서가 아니라 너무 먼 데서 설명을 찾기 때문이다. 단순한 이유, 자명한 사실로 돌아오라.

복합적 사유는 일종의 병일까? 이학박사 조엘 드 로즈네(Joël de Rosnay)의 주장대로라면 그렇지는 않은 것 같다. "우리는 늘 과거의 데이터를 직선적으로 활용하지만, 우리가 경험하는 변화와 진전은 직선적이지 않고 거듭제곱 같으며 늘 가속이 붙는다." 하지만 일반적인 사고방식의 소유자들은 아직 이러한 이해에 이르지 못했고 실제로 여러분의 남다름을 일종의 문제로 보기 일쑤다.

# '다름'에 붙이는
# 정신질환 딱지

소아정신과 의사이자 『슬픔 비즈니스: DSM 스캔들(Tristesse business)』의 저자 파트릭 랑드망(Patrick Landman) 박사는 이미 경종을 울린 바 있다. 그는 DSM을 활용하면서부터 정신장애 진단이 급격히 증가했고 그에 따라 정신과 진료와 처방도 지나치게 급증했다고 지적한다. DSM(Diagnostic & Statistical Manual of Mental Disorders, 정신장애 진단 및 통계 편람)은 심리질환을 총망라한 일종의 사전이다. 원래 DSM은 전 세계 정신의학자들이 각종 약물의 효과를 비교하려면 공통 용어가 필요하다는 취지에서 나왔다. 그러나 이내 미국의 의사, 심리학자, 사회복지사 들의 임상 작업에서 하나의 표준이 되기에 이르렀다.

DSM의 가장 큰 문제는 엇나간 활용이다. 이 편람은 환자와 환자 아닌 자, 정상인과 그렇지 못한 자를 다분히 주관적일 수밖에 없는 기준들에 근거하여 구분하려는 데다, 감정과 행동을 병적인 것으로 규정하는 임계수위를 상당히 낮춰 버렸다. DSM 초판에는 100여 종의 정신장애가 수록되었는데 제5판에 이르렀을 때는 500종이 넘었다. 가령, 가까운 이를 떠나보내고 느끼는 슬픔은 정상적이며 꽤 오랫동안 가시지 않는다. 과거에는 문화권에 따라 1년 이상 상복을 입기도 했다. 첫 번째 기일이 돌아올 때까지, 혹은 그 이후에도 발작처럼 슬픔이나 우울감이 도질 수 있다는 것을 다들 알고 있었기 때문이다. 그런데 지금은 보름 넘게 애도하면 곧바로 우울증 환자 취급하고 약물을 처방한다.

게다가 DSM은 남다른 차이에 딱지를 붙이는 쪽에 적극 가담한다. 그러한 딱지가 어린아이에게도 붙는다는 점을 생각해 보면 비극이 아닐 수 없다. 미국에서 심리질환 진단을 받은 아동은 40배나 늘었다. 처음에는 부산스러운 아이들에게 '과잉행동장애' 딱지를 붙이더니, 수업에 집중을 못한다고 '주의력결핍장애' 딱지를 덧붙였고, 이제는 시키는 대로 고분고분 말을 듣지 않는 아이들에게 '적대적반항장애'라는 딱지까지 붙인다.

사실, 학교를 개혁해서 재미있게 수업을 하거나 부모들에게 자녀를 잘 돌보는 법을 가르치는 것보다는 아이들에게 약을 먹여 멍하게 만드는 쪽이 쉽다(부모를 부모답게 만들어 주는 약은 없다). 제약 산업의 부정할 수 없는 영향력도 이미 여러 차례 도마에 올랐다.

그러나 약물 처방의 급증은 사회 변화와도 밀접한 관계가 있다. 이 사회는 사람들이 인생의 부침을 받아들이고 소화하는 데 필요한 시간과 공간을 점점 더 앗아 간다. 게다가 심리 영역에서 작금의 의학적 예방 논리가 지나쳐 명실상부한 윤리 문제가 제기되고 있다. 파트릭 랑드망은 프랑스에 DSM 제5판이 들어오면 거짓 질병들이 등장할 것이라고 예언했다. 여러분처럼 남들과 '다른' 사람들이 맨 먼저 피해를 입을 것이다.

다행히도 의학이 지나치게 대중화되면서 이 같은 집중적인 정신질환 딱지 붙이기의 위험성이 상쇄되었다. 정신의학자 보리스 시륄니크(Boris Cyrulnik)는 이런 식으로 설명한다. 어떤 용어를 만들어 내면 현상이 가시화된다. 현상은 그렇게 발견되고 차차 지나치게 일반화된다. 함부로 그 용어를 쓰고, 아무 데나 갖다 붙이면서 남용하거나 오용한다. 가령 '회복탄력성(résilience)'이라는 새로운 용어에 힘입어 그 현상이 조명되었다. 그런데 너 나 할 것 없이, 심지어 회복탄력성에 대한 글 한 줄 읽지 않은 사람들까지도 이 용어를 쓴다. 부당하다 싶은 수준까지 용어가 일반화된 것이다. 적확한 표현을 쓰기 좋아하는 여러분은 이런 현실에 좌절한다. 그러나 한편으로는 어떤 단어가 엄밀한 의미를 잃는 것이 여러분에게 이롭다. 예를 들어 '양극성'이라는 새로운 딱지는 이해 불가하게 널뛰는 기분을 가리켰지만, 지금은 두루 쓰이고 있다.

사실 정신적 과잉 활동인도 비슷한 형편에 놓일지 모른다. 이와 발맞춰, 심리 조종자들은 이런 유의 진단에서 자기들에게 꽤 유용한 새로운 피난처를 발견했다. 일단 '양극성'이라는 진단을 받아내면 아예 판을 깔고 사람들을 조종해도 책임을 추궁당하지 않으니까. 그 병을 믿는 사람들, 즉 측근들은 심리 조종자의 못된 짓을 가엾다, 본인도 어쩔 수 없다, 라며 다 참아 준다.

우리는 이렇게 의식구조나 두뇌 작용이 다른 사람들을 한 바구니에 몰아넣고 있다. 자기가 어떤 사람인지 애타게 알고 싶어 하는 당신은 사람들이 당신에게 붙이려 드는 심리질환 딱지에 놀아나지 않도록 각별히 조심해야 한다.

## 정신적 과잉 활동과 아스퍼거 증후군

리안 홀리데이 윌리 박사는 『아스퍼거 증후군이 아닌 척하다』에서 이렇게 썼다.

자폐는 다양한 현실을 아우른다. 각각의 경계 사이에는 광범위한 일련의 적격과 부적격, 광범위한 일련의 차이가 있다. 자폐라는 진단은 지나치게 유연해서 분명한 시작도, 확실한 끝도 없다. 학자들은 자폐의 원인을 확실히 알지 못한다. 교육자들도 자폐를 어떻게 관리해야 하는지 의견이 분분하다. 심리학자들은 온갖 명칭으로 자폐를 다각화하느라 길을 잃었다. 부모들은 자기가 자폐아를 제대로 키울 줄 안다고 확신하지 못한다. 그리고 자폐증 환자 본인은 대개 말이 없다. 자폐는 굉장히 많은 사람에게 해당되는데도 가장 알려지지 못한 발달장애다. (…) 실제로 아스퍼거 증후군이면서도 결코 진단을 받지 않을 사람이 아주 많다. 진단이 나오든 그렇지 않든 간에, 그들은 계속 그렇게 살아갈 것이다.

『나는 생각이 너무 많아』를 읽고서 아스퍼거 증후군을 가진 아스피에 대한 묘사가 자신과 일치한다고 깨달은 독자들이 제법 있었다. '특정 관심사'에 대한 집착 수준의 열의, 뚜렷한 감각 과민증, 특정 음식물에 대한 거부, 심각한 사회성 부족 등 아스퍼거 증후군의 통상적인 특징이 자기에게도 있음을 그들은 바로 알아차렸다.

나는 상담실에 찾아오는 사람들에게서 자폐의 특징으로 볼 만한 몇몇 특징을 곧잘 발견한다. 너무 크게 말하든가 너무 작게 말하든가, 너무 바짝 다가오든가 멀찍이서 거리를 유지하든가, 너무 집요하게 바라보든가 아예 눈을 마주치지도 못하든가. 그렇게 적당함이라는 것을 모르는 그들은 뜻밖의 이야기를 늘어놓는다.

한 여성은 상담실에서 자기도 모르게 외쳤다. "하지만 세상이 내가 믿는 바와 다르다는 것을 알고 싶지 않다고요!" 한번은 두뇌가 비상하지만 사회성에 큰 문제가 있어서 직장에서 거의 왕따 신세인 젊은 남성이 상담을 받으러 왔다. 이 젊은이는 표정 없는 얼굴에 높고 단조로운 금속성 목소리로 말했다. "나는 이성적으로 생각해서 다른 사람들과 잘 지내는 데 도움이 될 만한 일은 다 하고 있습니다. 남들이 나와 잘 지내지 못한다면 그들에게 문제가 있는 겁니다." 그는 인간관계 때문에 힘들어하고 있었지만, 자기가 남들에게 어떤 인상을 주는지에 대해서는 아무런 자각이 없었다.

나는 종종 생각한다. 결국 이상주의 그 자체도 일종의 자폐가 아닐까. 『나는 생각이 너무 많아』에서 나는 정신적 과잉 활동인에 대해 이렇게 썼다.

"그들의 완벽한 이상은 현실의 천장 아니면 바닥에 붙어 있는 것 같다. 하지만 정작 그들은 천장과 바닥 사이에 있기 때문에 이토록 불완전하고 어긋난 현실을 소화하고 자기네들의 진실을 회복하려면 오만 가지 왜곡을 가하지 않을 수 없다. 회사나 가정에서 그들은 온갖 불의와 갈등을 해소하기 위해 사태를 왜곡하면서까지 중재역을 맡는다. 물론 왜곡에 힘입어 중재를 한다는 것은 몹시 지치는 일이다. 하지만 그들에게 신념을 버리라든가 다 놓아 버리라는 말은 할 수 없다."

나는 또한 정신적 과잉 활동인의 상당수가 세상을 바꾸려 노력했으나 결실을 거두지 못한 쓰라린 경험 때문에 외부의 현실을 마주하기보다는 자기만의 풍요로운 내면세계에 숨어 지내기 좋아한다는 것을 알았다.

정신적 과잉 활동은 과연 자폐에 해당할까? 만약 그렇다면 어떤 종류의 자폐일까? 리안 홀리데이가 지적했듯이 전문가라는 사람들조차 이 개념에 대해 아직 갈피를 못 잡고 있다.

미국의 정신의학자이자 DSM 제4판(1994년 발행, 현재 상용 중인 판본)에 참여한 전문가 팀을 이끌었던 앨런 프랜시스(Allen Frances)의 의견을 들어보자. 그 역시 DSM 제5판 집필을 맡은 동료 전문가들이 "일상생활의 모든 문제를 질병으로 간주하려는 경향"을 보인다고 비판하며 파트릭 랑드망 박사와 의견을 같이한다. 그러면서도 앨런 프랜시스는 자폐에 관한 한 DSM이 오히려 후퇴하고 있다고 보았다.

"우리는 DSM 제4판에 아스퍼거 증후군을 집어넣으면서도 이 병의 징후 가운데 극히 일부만을 보이는 아동이 매우 많다는 점을 인정했다. 우리는 아스퍼거 증후군 집계가 기껏해야 세 배에서 네 배 늘어날 것으로 예상했다. 그런데 실제로는 스무 배로 늘었다. 이러한 급증은 또 다른 현상에도 원인이 있다. 그렇게 진단을 받아야만 부모가 학교나 그 밖의 기관에 특혜를 요구할 수 있기 때문이다."

그러나 DSM 제5판 집필진은 아스퍼거 증후군을 자폐에서 빼기로 결정했다. 앨런 프랜시스는 집필진이 과오를 범한 셈이라고 본다.

"그들은 모든 종류의 자폐를 '자폐 스펙트럼'이라는 하나의 범주에 집어넣음으로써 진단 차원에서의 접근을 합리화하려고 한다. 또한 자기들이 그렇게 해도 진단을 받은 아이들 대다수에게 어떤 영향이 미치지는 않을 거라고 생각한다. 실제로 개별 연구들에 따르면 자폐 진단을 받을 수 있는 아동의 수가 줄어들 것이라고 한다. 정당한 이유가 있어서 그렇게 된다면 좋은 일이다. 하지만 애석하게도, 극소수의 정신의학자들이 정한 새로운 기준들은 논란의 여지가 많다. 치료가 필요한 어린 환자들이 간과되거나, 기존에 치료를 받던 환자들이 더는 치료를 받지 못할 수도 있다."

# 자폐와
# 닮았다

🪐 자폐와 관련한 몇 가지 사항은 여러분 자신을 이해하는 데 매우 요긴하기 때문에 기억해 둘 만하다. 일단 점점 더 많은 자폐인들이 뭔가 부족한 사람이 아니라 그저 다른 사람으로 인정해 달라고 요구하고 있다. 심지어 이렇게 묻는다. 자폐는 어떤 상태인가, 일종의 병인가? 이러한 생각의 흐름은 미국에서 탄생한 '신경다양성(neurodiversité)'이라는 개념으로 뒷받침되는데, 아직 프랑스에는 잘 알려져 있지 않다. 몬트리올 대학교 명예박사인 미셸 도슨(Michelle Dawson)은 세계적인 권위의 자폐 전문가다. 10년간 자폐를 연구한 그녀는 매년 그 인구가 늘어 가는 이 발달장애를 바라보는 우리의 시각을 완전히 바꾸어야 한다고 확신한다. 도슨은 자폐인들이 상호작용과 소통에 어려움을 겪고, 반복적인 행동방식을 보이기는 해도, 절대로 보통 사람들보다 떨어진다고 볼 수는 없다고 주장한다. 자폐인들은 그저 뇌가 다르게 기능할 뿐이다.

어린아이 열 명 중 한 명은 자폐 징후를 보인다고 한다. 자폐증은 여자아이보다 남자아이에게서 훨씬 더 많이 나타난다. 그러나 내 상담실을 찾는 여성 가운데 자폐 징후가 있다고 생각되는 이들의 수를 감안하건대, 여성이 정말로 남성보다 자폐 비율이 낮은지는 잘 모르겠다. 그저 남성의 경우가 더 감지되기 쉬운 것은 아닐까 싶다.

일단 여자아이들은 성품이 좀 더 유순한 편이라서 남자아이들만큼 자폐 특유의 분노발작이 두드러지지 않는 듯하다. 그리고 내성적이고 얌전하고 꼼꼼한 여자아이는 다소 몽상적이고 따로 놀더라도 어른들이 부정적인 눈으로 보지 않는다. 또 반대로 심하게 부산스럽고 뭔가에 꽂혀서 그 얘기만 재잘대더라도 수다쟁이 소리나 듣지, 문제 있는 아이로 보지는 않는다.

마찬가지 맥락에서, 아스피 여아들의 특정 관심사는 그렇게까지 노골적으로 눈에 띄지 않는다. 예를 들어 책읽기나 말이나 바비 인형에 집착하는 여자아이들은 제법 많다. 그런데 어른들은 여자아이들의 그런 반사적인 태도를 진지하게 받아들이는가? 내가 보기에, 여자아이의 경우는 정말로 심각한 징후가 나타나야만 부모가 문제의식을 갖는다. 이런 까닭으로 실제로는 아스퍼거 증후군이지만 그 사실을 모르는 여성의 수는 우리가 생각하는 것 이상으로 많을 것이고, 그들은 이유도 모른 채 일상생활에서 큰 어려움을 겪고 있으리라 짐작된다.

'자폐 스펙트럼'이라고 부르는 데서 보듯 어떤 점에서는 자폐 같은데 다른 점에서는 자폐가 아니라고 생각할 여지가 남는다. 게다가 자폐증에 대한 잘못된 생각이 만연해 있다. 아스퍼거 증후군을 대중에게 알린 영화 〈레인맨〉은 실존인물(킴 픽)을 바탕으로 하긴 했어도 희화가 지나친 데다 부정확하기까지 하다. 가령 바닥에 잔뜩 쏟아진 성냥

개수를 한눈에 파악하는 장면은 순전히 지어낸 것이지만 전설이 되었다. 게다가 자폐인이 다 벽에 머리를 찧으며 고함을 치는 것도 아니다.

자폐를 구체적이고 현실적인 시선으로 보기 원한다면 차라리 미국 드라마 〈빅뱅 이론〉 시리즈를 강력 추천한다. 이 드라마는 아주 웃기기 때문에 즐거운 시간을 보낼 수 있을뿐더러 배우들의 연기와 그들의 캐릭터를 주목할 만하다. 이 시리즈는 등장인물 대부분이 자폐 기질이 있는 정신적 과잉 활동인이다. 비록 시리즈 제작자는 부정하고 있지만 주인공 셸던은 100퍼센트 아스퍼거 증후군이자 정신적 과잉 활동인의 전형으로 보인다.

### 나만의 의식과 강박

자폐의 몇 가지 특징을 여러분과 함께 좀 더 깊이 다루어 본다면 여러분도 자폐를 분류할 수 있을 것이다. 우리는 어떤 사람이 특정 행위를 장시간에 걸쳐서 반복 지속하는 증세(상동증)가 있다거나, 상대의 눈을 보지 않는다든가, 얼굴에 표정이 없고 어조의 변화가 없다거나 할 때 자폐를 떠올린다.

실제로 자폐는 때때로 그런 징후를 보이지만 늘 그렇지는 않다. 혹은 그런 징후가 있는데 알아차리기 힘든 경우도 있다. 예를 들어 같은 말이나 행위를 반복하는 상동증(常同症)은 몸을 흔든다든가, 어떤 소리를 낸다든가, 날갯짓하듯 두 손을 퍼덕거린다든가 하는 식으로만 나타나지는 않는다. 계속 머리카락을 손가락으로 비비 꼰다든가, 손을 자꾸 비빈다든가 하는 일종의 틱처럼 나타날 수도 있다. 또한 상동증이 단단히 뿌리 내린 습관적 의식으로 나타날 수도 있다. 가령 아침식사 때마다 꼭 같은 컵을 써야만 한다든지, 식탁이나 소파에서 꼭 자기가 정해 놓은 자리에만 앉으려 한다든지 하는 식으로 말이다.

아르노는 내게 말했다. "저만의 의식이 있는지 물어보셨을 때 그런 건 없다고 했었잖아요? 그런데 잘 생각해 보니까 지난번에 수영장 갔을 때가 떠오르더라고요. 저는 수영장에 혼자 갈 때면 늘 제 옷가지나 소지품을 별 생각 없이 기계적으로 사물함에 집어넣어요. 그래서 제가 언제나 똑같은 사물함, 탈의실 제일 구석에 있어서 늘 비어 있는 사물함을 이용한다는 의식조차 없었던 거예요! 그런데 친구랑 같이 수영장에 가 보고 비로소 그 습관이 얼마나 몸에 배어 있는지 깨달았어요. 친구는 재잘재잘 수다를 떨면서 입구에서 가까운 사물함에 먼저 물건을 넣기 시작했죠. 저는 굳이 자리를 바꾸자고 말할 수 없어서 바로 옆 사물함을 썼어요. 평소 쓰던 사물함을 쓰지 않았다는 이유로 그날 오후 내내 신경이 날카로웠죠. 저는 그런 데 집착하는 사람들이 바보 같다고 늘 생각해 왔는데 웬걸요, 머리로 납득한다고 해결되는 일이 아니더라고요!"

어떤 강박충동장애는 실제로 일상에 크게 지장을 주기 때문에 눈에 확 띈다. 하지만 뭔가를 자꾸 확인하거나, 어떻게든 회피하거나, 징크스에 집착하는 등의 사소한 반복 행동까지 우리가 다 자각하고 살아

간다고 할 수 있을까? 마지막으로, 순전히 심리 차원에 머무는 틱이나 강박충동장애도 있다. 절대로 뇌리에서 떨칠 수 없는 강박적인 생각, 충동적 공포증이 그러하다. 미친놈 취급을 당할까 봐 속 시원히 말도 못하고 속으로만 강박에 시달리는 사람들도 많다.

## 상대를 불편하게 하는 시선

『나는 생각이 너무 많아』에서 나는 정신적 과잉 활동인의 시선이 상황에 맞지 않게 집요하다고 말했다. 대화 상대는 자신을 순식간에 스캔하는 레이저광선 같은 눈빛에 속을 다 들킨 기분이 들어서 불편해할 수도 있다. 그러나 나는 정신적 과잉 활동인의 회피하는 눈빛에는 별로 주목하지 않았다. 나는 신경언어프로그래밍을 공부했기 때문에 누구나 말을 하는 동안에는 자연스럽게 눈동자가 움직인다는 것을 안다. 눈동자의 움직임은 상대가 이후에 할 말을 생각하고 있다는 것을 나타낸다.

그런데 여러분은 생각이 참 많다. 심하게 많다! 그래서 여러분이 나와 눈을 잘 마주치지 않는 이유가 머릿속으로 방대한 생각을 처리하기 때문이라고만 여겼다. 사실, 충분히 그럴싸한 이유였다. 마구 넘쳐나는 생각을 말로 정리하는 것도 보통 일이 아니고, 생각을 최대한 잘 전할 수 있는 적확한 단어를 찾는 것도 보통 일은 아니니까. 게다가 상담실을 찾는 사람들은 결국 자기네 생각과 감정을 정리하러 오는 것이었다. 간단히 말해, 나는 내방객들이 나를 바라보지 않고 내내 딴

곳을 보고 있어도 불편해하거나 이상하게 생각하지 않았다. 그들은 딴 데를 보고 있을지언정 내가 하는 말을 주의 깊게 들었으니까. 그렇지만 조금씩 관심을 두고 관찰하다 보니 그렇게 집요하게 바라보든가 아예 눈을 절대 마주치지 않는다든가 하는 특유의 시선 처리가 일상생활에서는 정말로 사람들을 불편하게 할 수 있겠다 싶었다.

나데주는 상담실에서 이렇게 하소연했다. 의사선생님이 자기에게 난데없이 버럭 화를 냈다나. 의사는 자기가 기껏 말을 하는 동안 나데주가 무시하듯 눈을 감고 있었다고 면박을 주었다. 하지만 나데주는 사람을 바라보는 일과 머릿속으로 생각하는 일을 동시에 못하는 사람이다! 실제로 그녀는 뭔가 중요한 말을 하려고 할 때마다 자동으로 눈을 감아 버렸다. 아마 집중력을 유지하려면 외부 자극을 차단해야만 하는 모양이다. 대화하는 상대들로선 당황스럽거나 불쾌할 수 있다.

내가 확인한 바로는, 자폐인 특유의 표정 없는 얼굴이나 단조로운 음성도 다소 색다른 양상으로 나타난다. 예를 들어, 거짓 자기가 어떤 상황에서나 예의바르고 살갑게 구는 방향으로 구축된 사람들은 상담실에 와서 굉장히 힘들었던 일들을 털어놓을 때조차 아무 자각 없이 기계적으로 다정한 미소를 짓고 싹싹한 말투로 말한다. 얼굴에 실제로 표정이 없는 것은 아니지만 따지고 보면 마찬가지다. 끔찍한 소식을 전하면서도 언제나 보일 듯 말 듯 미소를 띠고 차분하고 호감 가는 말투를 유지하는 능력은 텔레비전 뉴스 앵커들에게도 필요하다.

그러나 우리는 그런 사람들은 자폐와 전혀 상관없는 것처럼 생각하지 않는가?

## 지나치게 정확성을 따진다

자폐인들은 공감 능력이 떨어지고 감정이 부족하다는 생각도 옳지 않다. 문제는 감정이입이 안 되는 것이 아니라 공감과 감정의 표현 및 조절에 있다. 모방을 통한 학습의 부진, 그리고 거울신경의 문제 쪽으로는 연구에 상당한 진전이 있었다. 언어로 전달되지 않는 사회의 암묵적 규칙을 잘 체득하지 못하는 이유도 이로써 웬만큼 설명이 될 것이다. 그러나 거울신경세포의 기능 이상이 자폐의 원인이라는 가설은 이미 논박되었다. 나는 경우에 따라서는 전혀 다른 문제가 있다고 본다. 사회의 암묵적 규칙은 정신적 과잉 활동인들에게 명백한 논리도 없고 의미도 없다. 좋은 하루가 되기를 바라는 마음이 정말로 있는 것도 아닌데 "좋은 하루!" 같은 말은 해서 뭐 하나? 왜 그때그때 적절한 칭찬이나 축하의 말을 건네야 하지? 정신적 과잉 활동인은 누군가에게 칭찬할 것이 있으면 격식에 얽매이지 않고 마음에서 우러나는 대로 뜨겁게 열광한다. 게다가 왜 진실하지 않은 사람에게까지 꼬박꼬박 성의를 다해야 한담?

자크 살로메는 말한다. "당신이 너무 크게 말해서 무슨 말인지 못 알아듣겠다." 내가 보기에는 정신적 과잉 활동인에게 작용하는 심리기제가 딱 이렇다. 이 기제가 간섭하기 때문에 암묵적 규칙들을 파악하지 못하는 것이다. 그들은 보통 사람들을 대하면서 언어적인 것과 비언어적인 것을 막론하고 지나치게 많은 정보를, 지나치게 많은 부정확성, 불협화음, 모순을 포착하기 때문에 도대체 어느 메시지에 반응해야 할지 모른다. 정말로 매사에 논리정연한 사람들은 얼마나 드문지!

다른 한편으로, 나는 매일같이 정신적 과잉 활동인이 거의 병적으로 정확성을 따지려 드는 모습을 본다. 일반적인 사고방식의 소유자들은 '또는'과 '그리고'가 대략 공존할 수 있다고 보지만, 여러분에겐 씨알도 안 먹히는 소리다. 그래서 그저 정확히 하고 싶은 마음에 조목조목 따지다가 인간관계가 불편해진다. 보통 사람들끼리는 말 안 해도 다 아는 것이 얼마나 많은가!

정신과 의사 세르주 에페즈는 공감을 두 종류로 구분한다. 우선 인지적 공감이 있다. 인지적 공감은 표정과 어조의 변화를 지각함으로써 다른 사람이 느끼는 감정을 알아차리는 것이다. 자폐인들은 이런 유의 공감 능력이 부족하다. 그러나 사이코패스나 연쇄살인마도 자기에게 유리한 방향으로 써먹기 위해서라면 상대의 표정과 말투에서 감정을 파악해 낸다. 감정이 결여된 이 범죄자들은 상대의 고통을 모르는 것이 아니라 아는데도 무감각한 것이다.

두 번째 공감은 정서적 공감이다. 이것은 감정을 더불어 나누는 능력이다. 사이코패스와 연쇄살인마에게는 이러한 공감 능력이 없다. 그러나 자폐인이 다른 사람이나 어느 집단의 감정을 일단 알아차리기만 하면 그 강도는 상당히 높다. 아무런 필터를 거치지 않은 채, 요컨대 온전하고 직접적인 감정을 느끼는 것이다. 자랑스럽게 우승 메달을 흔들어 보이거나 관중 앞에서 벅찬 감격에 말을 잇지 못하는 운동선수를 보면서 여러분도 눈물깨나 흘려 보았을 것이다. 여러분은 다른 사람들의 슬픔을 어떤 식으로 느끼는가?

아스피들은 이 밀려오는 감정으로부터 자기 자신을 지키기 위해서 매사를 이성적으로 따지려 드는 경향이 있다. "너도 야옹이가 오래 살지 못할 거라고 알고 있었잖아, 야옹이는 나이가 많았다고!" 고양이의 죽음을 슬퍼하는 중에 이런 말을 듣고 싶지는 않겠지만, 어쨌든 그런 말은 공감 능력이 없어서 나온 것이 아니라 되레 그 반대다. 반면, 실제로 그들이 잘 느끼지 못하는 감정도 있기는 하다. 기욤은 이런 말을 했다. "나는 왜 자기네 축구팀이 졌다고 울고불고 하는지 정말 모르겠어요."

### 사회성이 떨어진다?

마지막으로, 사람들은 자폐인 하면 사회성이 떨어지고 소통에 문제가 있다는 생각부터 한다. 이 생각은 일부에 한해서만 맞다. 그렇지 않은 사람들도 있다는 얘기다. 또 어떤 이들은 한동안 전혀 문제가 없어 보인다. 집단에 잘 섞이고, 친구도 사귀고, 토론이나 파티에 참여해서 나름 즐겁게 지내는 것 같다. 거짓 자기에서 집단생활에 필요한 자신감의 겉모습이나마 얻기 때문에 그럴 수 있다. 보통 사람들만큼 자연스럽게 보이기까지 그들이 얼마나 막대한 불안, 노력, 피로를 불사하는지 겉으로 봐서는 모른다.

정신적 과잉 활동인들의 상당수는 파티가 있으면 미리부터 걱정하고, 파티가 진행되는 중에도 계속 긴장을 풀지 못하거나 아예 도중에 자리를 뜨기 일쑤다. 그러고 난 후에는 자신이 무엇무엇을 잘못했는지 집요하게 심문하는 내면의 비판자에게 시달린다. 사소한 대화라도 뭔가 마음에 걸리는 부분이 생기면 심하게 동요한다. 『아스퍼거 증후군(Asperger's Syndrome)』의 저자 토니 애트우드(Tony Attwood)는 자폐인들이 사회화 훈련을 한 시간 정도 하고 나면 그 피로에서 회복되기까지 다시 한 시간이 소요된다고 말한다.

그럼에도 정신적 과잉 활동인의 30퍼센트는 오히려 매우 외향적이다. 이들은 매우 결속이 단단한 공동체에서 성장했거나 인맥이나 사교에 크게 비중을 두는 부모 밑에서 자란 경우가 많다. 그들은 이러한 환경에서 많은 이들과의 상호작용을 배운 것이다.


# 예측 불가능한 상황은 스트레스

여러분 자신을 이해하는 데 도움이 될 수 있는 자폐의 기본 특징은 실행 기능과 관련된 것이다. 리안 홀리데이는 『아스퍼거 증후군이 아닌 척하다』에서 대단히 시사하는 바가 많은 이야기를 들려준다. 나는 일종의 테스트 삼아 우리 상담실 내방객들에게 점점 더 자주 이 이야기를 들려주었다.

리안은 대학교에서 외톨이였고 무척 외로움을 탔다. 하루는 같은 강의를 듣는 여학생들이 다가와 재잘재잘 말을 붙이더니 함께 쇼핑을 하러 나가자고 했다. 리안은 쇼핑을 별로 좋아하지 않았지만 우정에 목말라 있었기 때문에 선뜻 그러자고 했다. 그녀는 어떻게 옷을 입어야 최대한 '정상으로' 보일지 고민하며 친구들과 놀러 나갈 생각에 들떴다. 고대하던 그날, 리안은 자기 차로 친구들을 태우고 다함께 시내로 나갔다. 그런데 여자아이들은 차에서 내리더니 리안 홀리데이에게 "여기서 세 시간만 기다려."라는 말만 남기고 자기들끼리 왁자지껄 떠들며 가 버렸다.

여기까지 얘기하면 벌써부터 내방객의 얼굴에 핏기가 가시고 표정이 일그러진다. 그런 유의 치사한 짓거리가 여러분은 늘 놀랍기만 하다! 이쯤에서 내가 질문을 던진다. "리안 홀리데이가 어떻게 반응했을까요? 당신이라면 어떻게 했을 것 같아요?" 상대는 몹시 거북해하면서 이렇게 대답한다. "배알도 없는 인간 같지만 저는 정말로 세 시간 기다렸다가 그애들을 찍소리 않고 집까지 데려다주고도 남을걸요. 일단 집으로 돌아온 후에야 비로소 분노하고 슬퍼할 것 같아요."

나는 리안 홀리데이도 그랬다고 확인해 준다. 나는 그녀의 표현에 정말로 마음이 아팠다. "그애들을 그 자리에 팽개치고 와 버렸다고 말할 수 있었으면 좋겠다. 하지만 당연하게도, 나는 그러지 못했다." 그녀는 또 이렇게 덧붙인다. "그 일이 특별해서인지는 몰라도 다른 비슷한 일은 기억도 나지 않는다. 그해에만 비슷비슷한 일이 수없이 많았으니까."

나는 이 이야기를 들려주면서 내방객들의 반응을 살폈다. 지금까지의 조사 결과는 100퍼센트다. 일단, 이 여자아이들의 못된 심보에는 누구나 분통을 터뜨린다. 여러분 얼굴에 떠오른 놀라움은 이내 당황스러운 기색으로 바뀐다. "당신이라면 어떻게 했을 것 같아요?"라는 내 질문에 여러분은 모두 자신도 리안과 다르지 않았을 거라 대답한다.

이따금, 아주 약간 대답을 달리하는 사람도 있다. "솔직히 예전 같으면 저도 리안처럼 행동했을 거예요. 하지만 지금의 저는 그렇게 만만한 사람이 아니랍니다!" 하지만 나는 그 사람이 자신을 안심시키기 위해서 그렇게 대답한다고 생각한다. 그 말이 참이라고 믿을 수 없다. 왜 그렇게 놀라는가? 무엇보다도, 어쩌면 반응이 그렇게들 똑같은가? 이런 일에 일률적으로 반응하는 여러분을 보면서 내가 무슨 생각을 하겠는가?

물론, 여러분은 합리성을 가장한 설명으로 응수할 수 있다. "나는 내 윤리에 맞게 행동하는 거예요. 나는 일단 약속을 하면 반드시 지키는 사람이에요. 다른 사람들이야 자기네들 양심에 비추어 살면 그만이지요." "저는 솔선수범하고 싶어요. 제가 그렇게 행동하면 다른 사람들도 다시 생각하겠지요." "제가 사람들에게 끝까지 친절하면 그 사람들도 저를 달리 대할 거예요."

이러한 믿음은 문제가 있다. 비뚤어진 사람들은 웬만해서 양심의 가책을 느끼지 않고, 자기 행동을 돌아볼 필요도 느끼지 않으며, 친절한 선의를 순해 빠진 어리석음으로 매도하기 일쑤다. 게다가 머저리에게 고약한 대우를 받는다고 해서 내가 더 나은 사람이 될 리도 만무하다.

사실, 이렇게 자기가 어떻게 행동할지 빤히 예상하면서도 그 행동을 하고야 마는 이유는 신경학적인 것이다.

자폐인들은 실행 기능에 문제가 있다. 실행 기능은 하위 인지 과정을 조절하여 자동적으로 관리할 수 없는 새로운 상황에 적응하게 하는 상위 인지 과정으로서, 우리 뇌의 전두엽에서 관장한다. 실행 기능은 우리가 습관을 탈피하고, 위험도를 가늠하고, 의사결정을 내리고, 미래를 계획하고, 행위의 우선순위를 정하고, 요컨대 예측하지 못했던 상황에 대처하게 한다. 이러한 기능이 반드시 요구되는 때는 다음과 같다.

－자동 반응을 억제할 때
－어떤 일에서 다른 일로 주의를 돌릴 때
－정보를 공개할 때
－작업기억을 사용할 때
－장기기억에 접근할 때

따라서 실행 기능이 달리는 사람은 일정한 틀에서 벗어나 순발력 있게 결정을 내려야 하는 스트레스 상황에 무방비로 노출된다. 정신적 과잉 활동인 중에는 운전을 힘들어하는 사람이 유독 많다. 실행 기능의 문제로 이를 설명할 수 있을 것이다. 운전은 예측 불가능한 상황에 노출되어 빠르게 결단을 내리는 과정의 연속이기 때문이다.

또 미래를 예측하면서 유난히 불안해하는 경향도 이로써 설명이 된다. 여러분은 예기치 못한 일이 발생할 때 당황하지 않기 위해서 가능한 모든 경우를 예측하고 싶어 한다. 그러나 세상에는 악당, 쓸데없이 남 안 되기를 바라는 사람, 남을 이용해 먹기만 하는 얌체가 존재한다는 생각은 아예 체질적으로 못하기 때문에 불행히도 허구한 날 똥을 밟는다. 이러한 기질과 모든 상황에서 '정상적으로' 보이려 드는 거짓 자기를 아울러 고려한다면 여러분의 반응은 충분히 이해할 만하다.

# 당신이 죽어도 거짓말을 못하는 이유

인지적 종결 욕구(besoin de clôture cognitive)라는 자폐의 또 다른 측면도 여러분의 관심을 자극할 것이다. 자폐인들은 매사를 결국은 서로 연결되고 맞물리는 것으로 인지하려는 욕구가 있다. 그들은 모든 것이 잘 종결되어 차곡차곡 정리되기를 바란다. 따라서 유예 상태의 의문(혹은 답 없는 의문), 기다리는 것 외에는 할 수 있는 일이 없는 사안, 해도 해도 어차피 다시 해야 하는 청소, 장보기 따위의 일을 몹시 싫어한다.

나는 여러분이 방금 끝낸 일을 금세 또 해야 하는 경우 유독 힘들어한다는 것을 임상 경험을 통해 알았다. 그런 업무는 일종의 의식으로 만들어 놓으면 얼른 체념하고 착수할 수 있거니와, 비록 임시적이기는 해도 인지적으로 매듭을 지어 놓을 수 있다. 임박한 어떤 일을 기다리는 동안 다른 일을 전혀 못하는 사람도 종종 있다. 가령, 점심시간을 이용해서 운동을 하고 싶은데도 나중에 다시 직장에 돌아가 일을 해야 한다는 생각 때문에 못한다. 퇴근 후에 헬스장에 갈 수는 있어도 업무와 업무 사이에는 못 간다는 식이다. 자폐아동들은 뭔가 기다리는 상황을 심하게 못 견뎌한다. 이 아이들은 뭘 해야 할지 몰라 초조해하다가 결국 아무것도 못한다. 아무것도 못한다는 것은 지표가 전혀 없는 세상에 머문다는 뜻이다.

나는 같은 맥락에서 강박충동장애의 상당수는 제대로 규정되지 않은 채 비대하게 부푼 인지적 종결 욕구에서 직접적으로 비롯된다고 본다. 만족스러운 인지적 종결을 가능케 하는 특정 지표를 찾을 수 없고 구할 도리도 없어서 문제가 발생한 것이다. 예를 들어, 여러분이 외출하면서 현관문이 잘 잠겼는지 족히 열 번은 확인하는 사람이라 치자. 여러분은 맨 처음 확인한 결과를 검증할 방법이 없기 때문에 열 번이나 거듭 확인을 하는 것이다. 이러한 기제는 자동 반응을 잘 억제하지 못하는 태도와 결합하여 더 큰 효과를 나타낸다.

인지적 종결 욕구는 거짓말이 왜 여러분 체질에 맞지 않는지, 나아가 아예 거짓말을 할 수가 없는지도 설명해 준다. 거짓말을 할 경우, 그 말은 어차피 허위이기 때문에 감각적 지표들로 검증되지 않는다.

마크 해던(Mark Haddon)은 15세의 아스피 소년을 주인공으로 삼은 추리소설『한밤중에 개에게 일어난 의문의 사건(The Curious Incident of the Dog in the Night-Time)』에서 이러한 심리기제를 설명한다. 그가 커피를 마셨다고 말하는데 실제로 커피를 마셨다면, 그 이유는 커피 맛과 향, 커피 잔의 모양과 촉감 같은 감각 정보가 그에게 남아 있기 때문이다.

다시 말해, 그는 자기가 정말로 커피를 마셨다는 사실을 마음속으로 검증할 수가 있다. 그런데 차를 마셨다고 거짓말을 한다면 이 주장을 검증할 감각적 근거가 없다. 그래서 그는 마음속의 미궁에 빠진다. 왜 하필 차라고 했지? 우유나 오렌지주스나 술이라고 할 수도 있었잖아…. 그는 현기증이 나도록 무수히 많은 가능성을 생각할 것이다. 이 모양이니 차라리 진실을 말하는 편이 손쉽고 속 편하다.

미국 드라마 〈빅뱅 이론〉의 두 에피소드는 이러한 인지적 종결 욕구와 거짓말 못하는 모습을 절묘하게 그려 냈다. 첫 번째 에피소드(시즌 1, 제10화)에서 셸던은 레너드를 감싸기 위해 어쩔 수 없이 해야 했던 거짓말 때문에 괴로워한다. 두 번째 에피소드(시즌 6, 제21화)에서 에이미는 셸던의 병적인 인지적 종결 욕구를 치료하기 위하여 중단된 상황, 유예 상태에 인위적으로 노출시킨다.

그리고 이 인지적 종결 욕구는 여러분이 난감하게도 인간관계, 특히 해로운 인간들과의 관계를 끊지 못하는 이유를 잘 설명해 준다. 여러분 중에서 몇몇은 이렇게 말한다. 세상은 좁고, 어떤 식으로든 그런 사람들과 또 만나게 되어 있다고. 또 어떤 사람들은 골치 아픈 인간관계를 진정시킨 후에만 페이지를 넘기고 다음으로 넘어갈 수 있다고 고백한다. 그러나 심리 조종자와의 관계가 진정됐다는 것은 그가 당신에 대한 지배권을 회복했다는 뜻밖에 되지 않는다.

인지적 종결 욕구 때문에 여러분이 답보 상태에 빠지는 상황은 그밖에도 널리고 널렸다. 이해하고 싶은 욕구, 타인이 자신의 과오나 실수를 알아차리기 바라는 욕구, 진실에 대한 욕구, 옳은 편에 서고 싶은 욕구….

본인에게 자폐 기질이 있다는 사실을 모르면, 인간관계에 연달아 쓴맛을 보면서도 이유가 뭔지 모른다. 또 한 번의 실패, 또 한 번의 거절, 또 한 번 사람에게 이용당한 경험은 수치심과 우울 증상을 몰고 온다. 또한 기력, 열의, 자신감에 큰 타격을 입는다. 일부 정신적 과잉 활동인이 겪는 우울증은 이러한 좌절감, 거절당했다는 모욕감, 혹은 스트레스 가득한 일련의 경험 들과 분명 관련이 있다.

보통은, 따뜻한 사람들을 만나 좋은 관계를 맺는 것이 인간관계의 실패를 딛고 일어나 자신감을 회복하기에 가장 좋은 방법이다. 그러나 사회적 관계 자체가 스트레스, 긴장, 피로의 근원이라면 어떻게 해야 할까? 자폐인들은 아주 어렸을 때부터 인간관계의 실패와 거절로 얼룩진 인생을 살아왔다. 여러분이 더러 고백하는 고질적인 우울증과 뿌리 깊은 실의도 똑같이 설명될 수 있을 것이다.

이 장에서는 여러분이 자신의 몇 가지 신경학적 특징과 복합적 사유 체계를 좀 더 이해하고 일상적으로 사람들 사이에서 겪는 어려움에 의미를 부여할 수 있도록, 또 행여 여러분에게 붙을 수도 있는 '병'이라는 딱지를 한 발짝 물러나 바라볼 수 있도록 돕고자 한다.

나는 지금까지 기술한 정신적 과잉 활동인의 자폐적 특징이 순전히 신경회로의 차이에 속한다고 본다. 심지어 복합적 사유에는 불편한 점이 따르지만 직선적 사유에도 나름대로 불편한 점이 있고, 어차피 불편하기는 마찬가지라면 복합적 사유가 훨씬 낫다고 생각한다. 날이 갈수록 복잡다단해지는 이 세상에서 직선적 사유는 점점 더 한계를 드러내기 때문이다.

### 우리는 모두 자폐로 태어난다

소피 레빌(Sophie Révil)의 다큐멘터리영화 〈위고의 뇌(Le Cerveau d'Hugo)〉에는 각별히 내 주의를 끄는 정보가 있었다. '모든' 아이는 자폐로 태어난다는 것이다. 보통 아이들은 차차 두뇌의 특화가 이루어지면서 생각의 잔가지가 적당히 잘려 나가고 사유가 구조화된다. 그런데 자폐아의 뇌에서는 이러한 특화가 이루어지지 않기 때문에 평생 사유의 잔가지가 무성하게 뻗어 나간다.

소피 레빌의 설명이다.

어째서 위고는 여느 아이들과 다르게 자랄까? 위고의 뇌가 일반적인 뇌 발달 과정을 따르지 않기 때문이다. 그런데 뇌란 도대체 무엇인가? 그냥 세상에서 가장 기막히게 절묘한 전기회로라고 보면 된다. 1천억 개에 달하는 뉴런과 수십조 개의 신경시냅스로 이루어진 회로. 지금은 의료영상촬영기술 덕분에 어떤 생각이나 감정의 자취를 눈으로 볼 수 있다. 비물질적 기운 혹은 숨결이 아니라 뇌를 관통하는 전기신호의 형태로 확인 가능한 것이다.

3세 아동은 어른에 비해 두 배나 많은 신경시냅스를 가지고 있다. 그래서 어른이 되기 전까지는 뇌가 스펀지처럼 뭐든지 족족 빨아들인다. 가령, 어린아이는 자기 귀에 들리는 모든 단어를 포착함으로써 말하는 법을 배운다. 미처 다 성숙하지 않은 뇌는 흡사 정글 같다. 아이가 계속 발달하려면 그 정글에 웬만큼 질서를 부여해야 한다. 그래서 3세에서 6세 사이에 아이의 뇌는 자기에게 꼭 필요하지는 않은 수십억 개의 뉴런과 과잉 시냅스를 제거한다. 이 단계를 신경계 가지치기라고 부른다. 아이는 사회적 존재로 특화된다. 사회 안에서 살아가며 원활하게 소통하는 존재로 특화되는 것이다. 아이의 뇌는 활발하게 자극받지 못한 신경시냅스를 제거한다. 예를 들어 모든 아이는 절대적 청각을 가지고 태어나지만 성장하면서 그러한 감각을 잃는다.

위고의 경우, 다른 자폐아들과 마찬가지로 신경계 가지치기가 제대로 이루어지지 않았다. 너무 많은 뉴런, 너무 많은 시냅스를 그대로 간직한 것이다. 그래서 그 아이는 학습에 상당한 어려움을 겪었다.

나는 우리 모두가 태어날 때는 자폐인데 이따금 몇몇은 뇌가 특화되지 않았을 뿐이라는 이 가설에 꽤나 충격을 받았다.

일단 이런 생각이 먼저 들었다. 뉴런의 수와 그 사이에 이루어지는 시냅스의 수가 지능을 좌우한다면, 특화되지 못한 채 잔가지를 무성하게 뻗은 뇌는 필연적으로 나이를 먹을수록 더욱 진가를 발휘하지 않을까? 그러한 뇌는 평생 새로운 시냅스를 만들어 낼 것이다. 비록 과잉 시냅스로 인해 혼란을 겪고 갈팡질팡한다고 해도, 그건 또 다른 문제다.

그다음으로 든 생각은, 선별 장치를 갖춘 보통 사람의 뇌는 점점 더 특화될 것이고 점점 더 잔가지를 쳐낼 것이다. 그렇다면 신경시냅스의 수도 줄어들 수밖에 없다. 나는 보통 사람들이 나이를 먹을수록 배움에 의욕을 잃고 새로운 것, 첨단 미래를 두려워하는 이유가 여기에 있지 않을까 생각해 본다. 그들이 늙어 가면서 지적으로 빈약해지고 쪼그라드는 것도 어찌 보면 당연하다. 하지만 백 살 노인도 매사에 호기심이 왕성할 수 있다.

세 번째 든 생각은, 그러한 가설은 정신적 과잉 활동인이 젊어서는 연장자들과 어울리기 좋아하고 나이 들어서는 되레 젊은이들을 가까이 하는 이유를 설명해 준다는 것이다. 신경시냅스의 수준으로 본다면, 그 편이 정신적으로 더 잘 맞기 때문이다.

하지만 "왜 그 선별 장치가 어떤 사람에게는 가동하고, 어떤 사람에게는 가동하지 않는가?"라는 질문에 답할 방도는 없다. 유전학적 측면이 분명 일익을 담당할 것이다. 유년기의 트라우마도 영향을 미칠 것이다. 새로운 실마리들, 가령 특이체질이나 중금속중독이 미치는 영향도 수면으로 부상했다. 유전학적, 신경학적 이유 말고도 신경계의 가지치기가 이루어지지 않는 그 밖의 이유가 있을 법하다. 그리고 이 모든 실마리가 세포 기억이라는 공통의 설명으로까지 거슬러 올라간다면? 그래서 나는 이제부터 또 다른 보완적 설명의 실마리인, 생물학적 기억을 살펴볼까 한다.

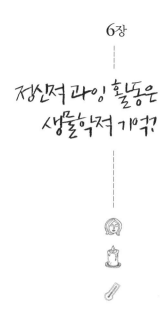

# 6장

## 정신적 과잉 활동은 생물학적 기억?

이제부터 정신적 과잉 활동이 일종의 생물학적 기억이라는 발상을 여러분과 함께 살펴보겠다. 이 발상은 신생아 단계, 출생 이전, 심지어 머나먼 조상까지 거슬러 올라간다.

## 유전자에 새겨진 '두려움 회로'

나는 편안함은 지성을 잠재우는 반면, 위험은 지성을 깨어나게 한다고 믿는다. 지성, 지능 같은 단어가 여러분에게 거슬릴 수도 있으니,

좀 더 분명하게 위험 상황에 처해야만 창의성이 발휘된다고 말하겠다. 『나는 생각이 너무 많아』에서 말했듯이 정신적 과잉 활동인은 회복탄력성이 좋은 편이다. 다시 말해, 그들은 일반적인 틀에서 벗어나는 상황에 처할수록 범상치 않은 능력을 발휘한다.

솔직히 내가 상담실에서 만난 정신적 과잉 활동인 중에는 아동학대에 가까운 유년기를 보냈다든가, 부모가 문제가 있다든가, 여하튼 굉장히 힘겹게 살아온 사람이 많았다. 일반적으로 부모 중 한 사람은 심리 조종자, 다른 한 사람은 그 심리 조종자의 손에 꽉 잡혀 사는 정신적 과잉 활동인이다. 이 도식은 다음 세대로 넘어가서도 재생산되는 듯하다. 이러한 양상에 유전학적 요소가 개입하지 않는다고 보기는 어렵다. 세포들에게도 일종의 기억이 있다.

크리스토프 앙드레(Christophe André)는 『두려움의 심리학(Psychologie de la peur)』에서 어떤 두려움은 인간이라는 우리 종에게 고유하고 선천적인 것이라고 말한다. 생물은 종에 따라 선천적인 두려움을 가지고 있다. 인간은 뱀을 무서워하고, 쥐는 고양이를 무서워한다. 또 어떤 두려움은 살면서 겪은 경험에 기인한다. 추락, 화상, 물어뜯기는 것에 대한 두려움이 그렇다. 면역기억이 엄연히 존재하듯이, 공포기억도 있는 것이다. 그리고 이 기억은 후손에까지 전달될 수 있다.

크리스토프 앙드레는 이렇게 설명한다. "까마득한 선조들은 그들의 공포를 우리 종에게 물려주었다. 그들의 유산이 늘 그렇듯, 이러한 공포 역시 우리 종의 생존에는 다행스러운 기회지만 우리 삶의 질에는 부담스러운 짐이다. 우리는 세상에 태어난 그때 이미 '두려움에 대한 회로'를 장착했다. 그러나 이 두려움을 과도하게 부풀리는 요소들, 이를테면 트라우마, 교육, 문화 등은 나중에 온다. 모든 공포에는 저마다 내력이 있다. 그 내력은 우리가 알 수도 있고, 도무지 가늠하지 못할 수도 있다." 정신적 과잉 활동이 유전자로 정해져 있는 것이라면 결국 그 계통상 일종의 위험기억이라고 보아야 하지 않을까?

## 잃어버린 쌍둥이에 대한 기억

일란성 쌍둥이들은 까마득한 옛날부터 사람들을 매혹하고 호기심을 자극해 왔다. 카스토르와 폴룩스, 아폴론과 아르테미스, 레무스와 로물루스…. 신화에는 이름난 쌍둥이가 넘쳐 난다. 우리처럼 혼자 덩그러니 태어난 사람, 쌍둥이형제나 자매가 없는 사람은 혹시 나르키소스처럼 어떤 분신을 그리워하고 있지 않을까? 속을 다 털어놓을 수 있는 상대를 거울 속에서 보고 있지는 않을까?

쌍둥이는 닮은 존재에 대한 질문을 받는 데 익숙하다. 자신과 똑 닮은 사람과 어떻게 살아가는지, 그 닮음을 이용하기도 하고 그러다가 종종 오해를 받기도 하는지. 사람들의 호기심은 주로 쌍둥이가 서로 얼마나 닮았는가에 쏠린다. 닮았지만 엄연히 다른 두 사람에게서 우리는 오로지 닮은 점과 익살스러운 공모의식을 엿본다.

일란성 쌍둥이는 동기간이라기보다는 클론처럼 보인다. '쌍둥이라고 해도 별개의 인간으로 키워야 한다'라는 육아 조언이 있지만 실제 쌍둥이 부모들은 옷을 똑같이 입힌다든가, 두 아이를 한데 묶어 취급한다든가 하는 식으로 쌍둥이를 더 비슷해 보이게 하는 경향이 있다. 아이들 이름을 따로따로 불러 주지 않고 거의 늘 "쌍둥이들"이라고만 부르는 식으로 말이다.

쌍둥이 자녀들이 스스로 이러한 관계를 계속 유지하려는 경향도 있다. 둘이 꼭 닮아서 빚어지는 오해를 즐기기도 하고, 아예 의도적으로 상대방인 척하기도 한다. 그러나 언뜻 보아 구분이 안 갈 만큼 똑 닮은 쌍둥이라고 해도 주의 깊게 살펴보면 다르다. 가족들은 쌍둥이를 쉽게 구분하고, 특히 엄마는 요람에 누운 모습만 봐도 누가 누군지 안다.

결국 동일한 유전적 자산, 동일한 환경, 동일한 연령과 성별, 동일한 외모를 지녔어도 그들이 각기 유일무이한 개체라는 점은 변치 않는다는 얘기다. 쌍둥이는 극단적인 유사성의 조건 속에서도 유일성의 원칙을 확실히 증명해 보인다. 각각의 인간은 세상에 단 한 사람뿐이고 그 유일성의 표시를 품고 있다는 원칙 말이다. 생체복제 실험의 시대에, 과학이 아무리 진보하더라도 각자가 유일무이한 존재로 남을 것이라는 이 약속은 우리를 안심시킨다.

우리의 관심을 끄는 또 다른 측면은 쌍둥이 간의 관계다. 여기서도 극도로 가까운 동지이자 한 쌍으로서의 관계가 눈에 띈다. 쌍둥이가 서로 닮았다는 사실을 배제하고 본다면 그들의 관계 역시 두 개체 사이에서 이루어질 법한 관계일 뿐이다. 그들은 평행선상에 있는 두 사람, 혹은 둘이 꼭 함께해야 제 기능을 하는 '한 벌'이라기보다는 서로 다른 개체가 이루는 '한 쌍', '한 패'다. 요컨대 쌍둥이는 자그마한 사회를 이루고 그 안에서 각자 제 역할을 한다. 쌍둥이가 이루는 한 쌍은 일종의 작은 '국가'다.

- 이 국가에는 공식 언어가 있다. 쌍둥이는 자기들끼리 만들어 내고 자기들끼리만 통하는 언어가 있어서 보통 아이들보다 6개월 정도 말문이 늦게 트인다.
- 이 국가에는 외무부와 내무부가 있다. 혼날 일이 있으면 외무부 장관 역을 하는 아이가 다른 아이 대신 혼나는 것도 마다하지 않는다.
- 대통령 역할도 있다. 신체적으로, (혹은/그리고) 지적으로 어느 한쪽이 다른 쪽을 지배하는 양상이 보인다. 남자아이와 여자아이로 구성된 이란성 쌍둥이의 경우, 보통 여자아이가 주도권을 잡는다. 여기서 어떤 사회적 결론을 끌어낼 수 있을까?

쌍둥이라는 주제는 충분히 관심을 기울일 만하다. 쌍둥이 연구의 권위자 루이지 제다(Luigi Gedda)는 "과학을 위한 쌍둥이, 쌍둥이를 위한 과학"이라는 말을 남겼다. 실제로 우리는 쌍둥이 형제자매를 연구함으로써 유전성, 동기간 관계, 커플과 사회가 작동하는 양상 등을 좀 더 깊이 이해하게 되었다. 하지만 이러한 일반적 관심을 떠나 쌍둥이 문제에 유독 천착하는 이들이 우리 중에도 있다.

디안은 상담 시간에 이렇게 고백했다. "어젯밤에 이상한 꿈을 꾸었어요. 차를 몰고 고속도로에서 어떤 자동차를 쫓아가고 있었어요. 그런데 차문이 열리면서 그 안에 타고 있던 두 아기 중 한 아기가 떨어졌어요. 그 순간, 소스라치게 놀라면서 잠에서 깼죠."

이 꿈은 한쪽만 태어난 쌍둥이를 상징한다. 실제로 임신의 수태 단계에서는 쌍둥이 비율이 12~15퍼센트나 된다고 한다. 그러나 실제로 태어나는 쌍둥이는 전체 출생의 2퍼센트에 불과하다. 따라서 인구의 10퍼센트가량이 생명이 처음 시작된 순간에는 쌍둥이였다가 혼자만 세상으로 나온 셈이다. 최근 몇 년간 보조생식술이 활성화되면서 쌍둥이 비율이 급증했고, 인공수정으로 생긴 다태아에 대해 선택적 유산이 이루어지면서 '잃어버린 쌍둥이' 증후군도 늘어났다.

수태 단계에서 쌍둥이였다가 한쪽을 잃더라도 대부분은 아무도 모르게 넘어간다. 산모는 약간 하혈을 할 수 있으나 임신 초기 검사 결과에 문제만 없으면 그렇게까지 걱정할 일은 아니다. 그래서 쌍둥이 중 하나가 없어졌다는 것 자체도 대개 알려지지 않는다. 심지어 의료

진이 사산한 쌍둥이의 흔적을 발견하더라도 웬만해선 산모에게 말하지 않는다. 출산의 감격에 젖어 있는 산모에게 그런 말로 충격을 줄 필요가 있겠는가. 그렇지만 살아남은 쌍둥이, 즉 신생아에게는 무의식적인 기억이 남아서 평생 지대한 영향을 줄 것이다.

### 태내기억에 새겨진 상실감

최근 들어 심리치료는 태내기억(혹은 태아기억)을 고려하기 시작함으로써 크게 진전을 보았다. 우리는 체험, 추억, 감정을 간직한 채로 세상에 태어난다. 따라서 쌍둥이 형제 혹은 자매의 상실은 생의 첫 번째 애도로서 태아의 삶에 아로새겨진다. 혼자 태어난 쌍둥이들은 심리치료, 특히 가족 세우기(constellation familiale) 치료에서 태내기억이 종종 수면으로 떠오르기도 한다.

태내에서 쌍둥이 형제자매를 잃어버린 아기는 생을 알기 전에 죽음을 먼저 만난다. 아기는 슬프고 겁에 질린 상태로 태어난다. 그래서 스스로를 벌주고 애착 품기를 두려워하는 생의 시나리오를 쓰게 되는 것이다. 버림받거나, 거부당하거나, 이별하는 상황에서 그는 너무 심한 불안과 고통을 느끼기 때문에 그런 상황을 도무지 통제하지 못한다. 홀로 태어난 쌍둥이는 돌이킬 수 없이 외롭고 불행하다. 심지어 좋은 사람들에게 둘러싸여 사랑받을 때조차도 그는 치유할 수 없는 고독을, 기막힌 공허감을 느낀다.

쌍둥이의 죽음은 태아에게 찔린 듯 아프고도 비이성적인 죄의식을 불러온다. 태아는 자기가 뭔가 잘못해서 다른 태아가 죽은 게 아닐까 상상하거나, 그를 구하지 못한 자신을 책망한다. 강력한 동물적 공포가 태아의 뇌 생리에 파고들어 모든 종류의 위험과 적의에 과민하게 반응하도록 만든다. 한때 쌍둥이였던 태아는 자기 자신밖에 믿을 수 없다는 생각으로, 두려움의 크기에 걸맞게 독립성을 추구하며 고독의 성을 쌓는다. 애착관계가 생겼다가 그 관계에서 놓여나는 것이 무엇보다도 두렵다. 그러면서도 자기 분신을 찾고 싶다는 강박적 바람에 대해서는 속수무책이다.

이리하여 홀로 태어난 쌍둥이는 전형적인 쌍둥이 특유의 소통방식을 취하고, 웬만한 사람들은 감당하기 힘든 끈끈하고 융합적인 인간관계를 추구한다. 이것이 그의 좌절, 결핍, 고독을 더욱 부채질한다. 마지막으로, 그는 자기만 살았다는 죄의식 때문에 삶의 낙, 행복할 권리를 스스로 금하고 자기가 온전히 존재하지 못하는 것 같다는 묘한 기분을 느끼며 잠재적 우울 상태로 살아갈 것이다.


방금 읽은 글이 내 얘기 같은가? 몇몇 일상적인 태도를 보면 잃어버린 쌍둥이의 존재를 미루어 짐작할 수 있다. 그중에서도 쌍둥이를 대하는 태도는 특히 의미심장하다. 여러분은 꼭 닮은 쌍둥이를 볼 때 불편함, (혹은/그리고) 매혹을 느끼는가?

홀로 태어난 쌍둥이는 다른 사람들의 생년월일에 주목하고 어떤 일치에 집착한다. 1년 차이로 태어난 달과 날이 같다든가, 더도 덜도 아닌 6개월 차이라든가.

홀로 태어난 쌍둥이는 가까운 사람과 유사쌍둥이 관계를 맺는다. 생김새나 나이가 비슷한 친구, 동료가 그 대상이다. 그들은 그 사람의 행동거지, 머리 모양, 옷 입는 스타일, 취미 활동 등을 모방함으로써 더욱더 닮아 보이기를 원한다.

홀로 태어난 쌍둥이는 또 다른 자기 자신 혹은 상상 속의 존재와 대화를 나누는 경향이 있다. 그는 이 존재를 다정한 분신처럼 여긴다.

생활물품, 특히 옷을 두 개씩 사기 좋아한다. 합리성을 가장한 핑계로(워낙 예뻐서 두 개 샀다, 하나는 예비용이다, 두 개 묶음으로 사야 더 싸다 등등) 두 개를 사고 하나는 보관해 두는 버릇이 있다.

홀로 태어난 쌍둥이는 숫자를 꼭 두 번 센다든가, 똑같은 사진을 두 번 찍는다든가 하는 강박증이 있다.

양말을 챙기고, 건조대에 널고, 짝을 맞추고, 보관하는 방식도 이 미지의 쌍둥이에 대해서 많은 것을 알려 준다.

잘 알고 이해하면 치료도 할 수 있다. 살아남은 쌍둥이가 자기가 품어 온 괴로움의 의미를 알게 되면 오히려 안도감이 들고 잘 살아야겠다는 의욕도 생긴다. 그리고 자신의 잃어버린 반쪽을 애도하는 몇 가지 상징적 행위를 취함으로써 자기정체성을 회복한다.

## 당신이 심리 조종자에게 끌리는 이유

나는 이 잃어버린 쌍둥이라는 실마리가 중요하게 살펴볼 만하다고 생각했다. 그들이 겪는 괴로움이 정신적 과잉 활동인들의 괴로움과 매우 흡사하기 때문이다. 전체 인구의 10퍼센트라는 수치도 눈에 밟혔다. 그리고 잃어버린 쌍둥이라는 단서는 최소한 부분적으로라도 정신적 과잉 활동인이 나르시시즘에 빠진 변태에게 왜 그렇게 속수무책인지를 설명해 준다. 심리 조종자가 주로 모방의 기술을 사용하여 여러분을 유혹하기 때문이다.

그들은 뭐든지 여러분과 똑같이 하려 들고, 여러분과 똑같은 것을 좋아한다고 말한다. 여러분이 좋아하는 영화, 책, 음악은 그들도 다 너무너무 좋아한다고 열을 올린다. 모방은 거의 모든 사람에게 통하는 가공할 무기다. 취향이나 가치관을 공유할 사람을 만나기란 실로 어려우니 어찌 혹하지 않을 수 있을까? 게다가 이 모방이 잃어버린 쌍둥이라는 무의식적 그리움을 자극하면 그 효과는 배가된다. 홀로 덩그러니 태어나 버린 가엾은 이가 무슨 수로 저항을 하겠는가?

게다가 홀로 태어난 쌍둥이는 정말로 쌍둥이들에게나 가능한 융합적 인간관계를 요구하는데 심리 조종자라면 모를까, 웬만한 사람은 그 요구에 부응하지 못한다. 앞에서 보았듯이 쌍둥이 사이에서도 한쪽이 다른 쪽을 지배하는 경우가 많다. 홀로 태어난 쌍둥이는 짝꿍에 대한 그리움과 죄책감 때문에 아주 자연스럽게, 거의 자동적으로 이 쌍둥이 대체인물의 지배를 받아들인다.

어쩌면 쌍둥이의 죽음으로 일찌감치 '태내에서' 위험을 감지했기 때문에 뇌의 선별 장치가 작동하지 못하는 것 아닐까? 혹은 쌍둥이들끼리 암묵적으로 좌뇌형 인간 역할과 우뇌형 인간 역할을 나눠 갖는 것은 아닐까? '반쪽'에 대한 결핍이 우뇌를 개방하는 걸까? 내가 이 실마리에 주목하고 계속 탐구할 수밖에 없었던 이유는, 유독 정신적 과잉 활동인들이 동기간을 방불케 하는 융합적인 태도로 인간관계에 다가가기 때문이다. 게다가 여러분도 내가 잃어버린 쌍둥이라는 실마리를 제시할 때마다 남다른 관심을 보여 주었다. 그러나 세포기억은 태내의 생보다 훨씬 더 오래전으로 거슬러 올라갈 수 있다.

## 영성에 대한 감각

인간은 유배되어 있다. 중독자와 예술가, 그 둘은 이별과 고립을 날카롭게 느끼고 그 느낌을 초월하기 위해서, 그 느낌을 달래기 위해서 탈출구를 모색한다. 인간은 어느 한 세계에서 자신을 온전히 실현하지 못한 채 두 세계에 걸쳐 있기에 괴로워한다. 우리는 육신을 지닌 존재이기에 더 높은 왕국에 다가가지 못한다. 그 왕국은 신들의 것이다. 그러나 우리는 그 왕국을 잊어버리지도 못한다. 우리와 완전히 무관하지는 않은 직관, 생각이 날 듯 말 듯한 어떤 기억은 뭘까? 어쩌면 탄생 이전의, 신들이나 별들과 더불어 지냈던 전생에 대한 것이려나. 안타깝게도 우리 운명은 지상의 왕국, 일시적이고 물질적인 곳, 시간적으로 제한된 동물적 본능과 정념, 증오와 욕망, 열망과 공포의 지경에 머무는 것이다. 우리는 더 높은 왕국의 부름을 느끼면서도 감각의 왕국에서 정해진 시간을 다 보내야 한다. 그 결과, 우리는 중간에 끼인 채 퍼렇게 멍들었다. 우리 모두는 육체의 범선에 갇혀 있는 천사들이다.

　-스티븐 프레스필드

『나는 생각이 너무 많아』에서 여러분의 영성, 성(聖)에 대한 감각, 휴머니스트적인 가치관을 여러 차례 언급했다. 피에르의 신비 체험 이야기가 기억나는가? 그는 자신의 DNA와 꽃의 DNA가 한 덩어리가 되는 느낌에 사로잡혔다! 상담을 받으러 온 내방객들은 때로 신기한 감각 경험이나 어떤 장면이 파노라마처럼 눈앞에 펼쳐지는 체험을 했다고 고백한다. 이메일에도 이와 비슷한 의식의 확장을 경험했다는 사연이 많았다. 나는 영성이라는 주제를 간략하게, 소극적으로 언급하고 넘어갔을 뿐인데도 이 주제를 빼놓지 않고 다뤄 줘서 고맙다는 독자도 많았다. 지금도 나는 영성이란 매우 개인적이고 내밀한 것이라고 보지만 이번 책에서는 조금 더 지면을 할애해 다뤄 보고자 한다.

나는 여러분이 인간적인 가치들의 절대성에 목말라 하는 이상주의자라고 했다. 그러고 나서, 여러분에게는 신성함에 대한 감각이 있다고 지적했다. "정신적 과잉 활동인은 가슴으로 생각을 한다. 좀 더 정확히 말하자면, 그들은 마음이 깃들지 않은 생각은 할 수가 없다. 매사에 감정을 실을 뿐 아니라 사물에 대해서까지 마음을 쓴다."

여러분의 경우, 오늘날 사회생활의 암묵적 수칙은 알쏭달쏭하기만 한데 까마득한 과거의 종교의식은 되레 마음에 와 닿는다. 그래서 나는 이런 결론을 내렸다. 평화와 존중과 조화로움 속에서 살아가고자 하는 욕구를 정서적 미성숙이 아니라 오히려 넉넉한 지혜로 보아야 하지 않을까.

내 생각은 점점 더 정신적 과잉 활동인이 보편적이고 원시적인 영성, 혹은 그 비슷한 선조의 기억을 품고 있을 것이라는 쪽으로 기운다.

페이스북에 도는 짧은 글 하나를 보자. 이 글을 쓴 존 레임디어는 1903년 미국의 인디언보호구역에서 태어나 1976년 사망했다. "백인 형제들이 우리를 문명화하러 나타나기 전에는 우리에게 자물쇠도 없었고 열쇠도 없었다. 그러니 도둑도 없었다. 어떤 사람이 심히 가난하여 말 한 마리, 천막 하나, 담요 한 장 없어도, 누군가가 그에게 그런 것을 선사해 주었다. 우리는 너무나도 문명과 거리가 멀었기에 개인의 소유에 큰 가치를 부여하지 않았다. 우리는 오직 다른 사람에게 주기 위해서만 물건을 원했다. 우리에게는 돈이 없었다. 그렇기 때문에 사람의 가치를 돈으로 환산하지도 않았다. 우리는 (문자로 기록된) 법도, 변호사나 검사도, 정치인도 없었다. 그렇기 때문에 남을 속이거나 사기를 칠 수도 없었다. 백인들이 오기 전까지, 우리는 정말 온전치 못한

길로 걸어가고 있었다. 하지만 나는 우리가 문명사회에 필수불가결한 기본적인 것도 없이(백인 형제들 말로는 그렇다) 무슨 수를 써서 그럭저럭 잘 지내왔는지 설명할 수가 없다." 여러분 대다수는 이 인디언의 말에 기꺼이 동의할 것이다!

『나는 생각이 너무 많아』에서 나는 영성에 대한 갈증을 해소하라고 강력히 권고했다. 그러나 구체적인 지침까지 제시하지는 않았다. 앞서 말했듯이 나는 영성을 매우 내밀한 것으로 보기 때문이다. 그리고 당시 내가 제시할 수 있었던 지침은 파편적이고 불완전하며 자칫 사이비나 광신으로 몰릴 여지가 있었다.

그런데 『나는 생각이 너무 많아』를 쓴 이후 내가 특히 좋아하는 우연 아닌 우연으로, 파트릭 다케(Patrick Dacguay)를 만나서 그의 책 『샤먼 할아버지가 지구의 아이들과 손자들에게 전한 말(Paroles d'un grand-père chaman)』을 선물 받을 기회가 있었다.

파트릭 다케는 켈트족의 샤먼인 데오다. 그는 '조상들의 전통에 따르는 지혜의 모임'의 지도자다. 샤머니즘은 태곳적부터 지구상의 모든 대륙에 존재해 왔다. 또한 샤머니즘은 어느 곳에서나 동일한 선조들의 지혜, 보편적 가치관을 드러낸다.

그러나 오랜 세월 동안 이른바 공인 종교와 집권 세력 들은 샤머니즘을 뿌리 뽑기 위해 철저히 박해했다. 샤먼들은 처절하게 박해당했지만 다행히도 샤머니즘 자체는 맥이 완전히 끊어지지 않았다. 샤머니즘의 기본 토대는 구전(口傳)으로 이어져 지금 새로운 도약기를 맞이했다. 매년 열리는 국제샤먼축제는 전 세계 샤먼들이 만나서 그들의 실무 경험을 공유하고 논의하는 중요한 자리다. 이러한 내용을 파트릭 다케의 책에서 알 수 있다.

나는 이 책을 읽으면서 정신적 과잉 활동인에 대한 생각을 떨칠 수가 없었다. 우선, 파트릭 다케의 책은 극도로 감각적이다. 여러분 스스로 판단해 보라. 가령 그가 '공기'라는 요소에 대해서 쓴 글을 보자. "바다를 마주한 채 몸뚱이를 훑고 가는 바닷바람을 느끼는 쾌감은 켈트족의 유산에 속한다. 날아오르는 한 마리 새처럼, 벼랑 끝에서 용케 균형을 잡을 때면 절대적인 자유를 느낀다. 따귀를 때리는 것 같은 세찬 바람을 맞으며 광대한 지평선을 바라보면 마음이 차분해진다. 공기는 머리를 낫게 한다. 정신에 불어와 무거운 짐을 날려 버린다."

감각 과민증이 있는 사람이라면 전율할 만하지 않은가?

그리고 그가 표현하는 가치관 하나하나가 내가 여러분에게서 받은 인상과 맞아떨어진다. 가령, 샤먼의 세 가지 태도와 정신적 과잉 활동인의 특징은 어떤 관련이 있을까?

－위계를 두지 않는다: 여러분은 전반적으로 위계질서에 대한 감각이 없기 때문에 곤란을 겪는다. 더욱이 무능하고 공정하지 못한

윗사람과의 관계는 말할 것도 없다.

- 대등한 교류: 여러분이 늘 환상을 품지만 실생활에서 이루지 못하는 일 아닌가. (아, 그렇다. 상대를 등쳐 먹지 않고 넉넉한 마음으로 대하는 것이 전부는 아니다. 요구할 줄도 알고, 받을 줄도 알아야 할 것이다. 이 얘기는 뒤에서 다시 하자.)

- 평범함: 알다시피, 여러분도 이렇게 소박하고 겸손한 자세를 표방할 때가 한두 번이 아니다!

샤먼의 3대 미덕 역시 정신적 과잉 활동인의 가치와 부합한다. (보편적) 사랑, (두려움과 자기 안으로의 은둔에 대립하는) 신뢰, (여러분이 그렇게나 강렬하게 느끼는 본능, 직관이라고 해도 좋을) 느낌이 그것이다. 그리고 샤먼이 하는 일의 양대 산맥, 즉 영을 영광스럽게 기릴 임무와 영을 불러낼 임무는 한없이 감사하고 한없이 믿고자 하는 여러분의 성향과 완벽하게 맞아떨어진다. 그러한 성향이 때로는 지나치게 순진한 것일 수 있고 또 때로는 현명한 것일 수 있으나, 어쨌든 끈질기고 고집스럽다는 점만은 분명하다.

나는 광물의 지배, 식물의 지배, 동물의 지배, 인간의 지배를 다룬 장도 흥미롭게 읽었다. 파트릭 다케가 워낙 글을 잘 쓰기도 하지만 앙증맞은 조약돌, 가엾은 나무, 자그마한 벌레 들을 두고 여러분이 하는 이야기를 듣는 기분이었다고 할까. 그렇다, 난 지금 여러분을 놀리는 거다! 어쨌든 나는 주위의 모든 것에서 신성함을 느낄 줄 아는 그 놀라운 감각을 확실하게 재발견했다.

여러분에게 이 책을 추천한다. 파트릭 다케의 책은 샤머니즘을 종합적으로 개괄하면서 이 사상의 구체적이고 상세한 진면목을 보여 준다. 샤머니즘은 보편적이고 개방적인 영성이라고 할 수 있는데, 이 영성의 토대가 여러분이 품고 있는 어떤 기억과 부합하는 것으로 보인다. 여러분이 개인적인 통합을 이루는 데에 유용한 실마리를 이 책에서 얻을 수 있을 것이다.

# 사유, 감정, 신념은
# 자성을 띤다

19세기 말, 이른바 고전물리학이 거시적 현상 연구의 도구와 방법으로 미시적 현상을 해독하는 데에 실패하면서 양자물리학의 필요성이 대두되었다. 그때까지 과학은 객관성이 존재한다는 가정 하에서 추론 분석적 방법을 취했다. 양자물리학은 복합적 사유가 그렇듯이 객관성을 반박하고 연구자의 주관성까지 고려한다. 전통적 과학이 근거로 삼았던 가설 혹은 전제 들은 하나하나 무너졌다. 결정론, 다원주의, 3차원 공간 개념, 시간 개념, 물질 개념, 심지어 빅뱅 이론까지. 그러나

앎의 진보는 정신분석에서 그러하듯 심하게 더디기만 하다. 추론 방식은 좀체 변하지 않는다. 거짓으로 드러났음에도 여전히 과학적 진리 역할을 하는 전제는 사이비종교 못지않게 위험하다.

자폐에 대한 인식처럼 프랑스는 물리학을 교육하는 방식에서도 한참 뒤처져 있다. 역설적이지만 앞에서도 말했던 미국 드라마 〈빅뱅 이론〉이 오히려 최근의 과학적 성과를 젊은 대중에게 잘 알려줄 수 있을 것 같다. 이 시리즈의 등장인물은 대부분 젊은 과학자이고, 그들의 대사는 과학적으로 정확한 정보를 담고 있다. 텔레비전이 사람을 바보로 만든다는 비판이 높지만, 이 드라마는 젊은이들에게 기분 전환과 이 시대 첨단과학에 대한 정보를 동시에 제공한다는 점에서 매우 추천할 만하다.

다행히도 자기네들의 낡아 빠진 확실성에 연연하는 과학자만 있는 것은 아니다. 개방적이고 진취적인 자세로 전진하는 연구자가 있다. 1997년 이론물리학자 후안 말다세나(Juan Maldacena)는 중력이 진동하는 미세한 끈 형태를 취한다는 대담한 우주 모형을 제시했다. 달리 말하자면, 우리 세계는 진동하는 미세한 끈들의 투사요, 바로 그 끈들이 물리적 세계의 시각적 측면을 낳는다는 것이다. 이 세계를 다루는 이론은 탄탄하게 정립될 수 있었다. 끈 이론의 복잡한 세계는 9차원 공간에 존재한다. 게다가 그 세계는 홀로그램에 불과하다. 실제 행위는 중력이 없는 더 단순하고 더 균일한 우주에서 이루어진다.

현대 물리학자들은 말다세나의 아이디어에 열광했다. 인기는 있었지만 증명이 필요했던 끈 이론을 이로써 탄탄한 기반에 세울 수 있었기 때문이다. 게다가 양자물리학과 아인슈타인의 중력 이론 사이에서 보였던 모순도 이제 해결되었다.

양자물리학이 난해해 보인다고 해서 겁먹지 말자. 나름대로 쉽게 접근할 만한 수단이 있다. 〈우리가 알면 뭘 얼마나 안다고!?(What the Bleep Do We Know!?)〉 같은 영화도 좋고 내가 참고문헌에 소개한 책들도 좋다. 인터넷에서 구할 수 있는 정보는 또 얼마나 많은가. 복합적으로 사유하는 여러분의 뇌는 양자물리학의 제안이 마땅하다는 것을 직감적으로 '알' 것이다.

우리는 살아 있는 에너지의 세계 속에 있다. 물질은 존재하지 않으며 모든 것은 진동이다. 우리의 사유, 감정, 신념은 자성(磁性)을 띤다. 그런 것들이 파장으로 옮겨져 다른 실체들과 충돌하고 간섭하는 것이다. 양자물리학은 세상 모든 것이 연결되어 있음을, 따라서 모든 것이 모든 것에 영향을 미친다는 것을 가르쳐 준다. 한 송이 꽃과 혼연일체가 된 듯했던 피에르의 기분도 과학적으로 설명 가능하다. 내가 세상 모든 것, 우주, 타자들과 별개가 아니라는 여러분의 느낌은 정확하다. 그러한 연합은 역동적이다.

그렇기 때문에 앞 장에서 다루었던 『리얼리티 트랜서핑』의 펜듈럼 개념이 중요한 것이다. 뭔가에 맞서 싸우려고 하면 그 싸움의 대상과 동일한 진동에 위치해야만 한다. 내가 없애고 싶은 바로 그것을 점점 더 자주 접하지 않으면 안 된다. 절대로 듣고 싶지 않은 방송에 아등바등 라디오 주파수를 맞추는 꼴 아닌가. 멍청한 짓이다. 반감이 드는 것과 직접 맞서서 싸우는 대신, 내가 가까이 하고 싶고 크게 키우고 싶은 것에 주파수를 맞추자. 내 삶에서 결실을 보고 싶은 것과의 관계 수립에 힘을 쏟으라는 얘기다.

회의주의자들은 창조적인 심상 떠올리기 기법이나 긍정적 사유 기법을 죄다 멸시하고 비웃는다. 하지만 그들이 틀렸다. 그런 기법은 실제로 통한다. 요컨대, 이 말을 기억해 두라. "내게든 남들에게든, 주의와 관심으로 긍정적인 행동이나 부정적인 행동을 고양할 수 있다."

여러분도 이미 부지불식간에, 특히 여러분 자신의 신비체험을 통해서, 나름대로 양자물리학을 따라 살고 있는지도 모른다. 나는 샤머니즘과 양자물리학이 일맥상통하는 데가 있다는 사실에 매료되었다. 생명체, 결합….


개념들을 대략 훑어보기만 했기 때문에 이 장이 버거우리만치 압축적이라는 점을 나는 분명히 알고 있다. 여러분이 앞으로 이 주제들을 심도 깊게 파헤칠 수 있을 만큼 내가 충분히 호기심을 자극했기를 바란다. 활동이 과도한 두뇌는 공부하고 이해하기를 좋아한다. 그러한 두뇌라면 이 모든 기억의 단서에서 자신에게 익숙하고 세계를 이해하는 데 도움이 될 법한 요소를 찾아내고도 남을 것이다.

# 7장

## 정신적 과잉 활동인이 이해하는 세상

병든 사회에 잘 적응한다고 해서 정신적으로 건강한 것은 아니다.

－지두 크리슈나무르티

여러분의 고통은 주로 자신이 사회가 돌아가는 방식과 완전히 괴리되어 있다는 느낌에서 비롯된다. 여러분은 이렇게 말한다. "나만 다른 별에서 왔나 봐요!" 악의, 야만, 어리석음, 기만, 이해관계, 잔혹성, 불의, 폭력, 알력관계, 배신, 부정적 시각… 여러분으로서는 이해도 안 되고 이해하고 싶지도 않은 행태가 너무도 많다. 그런 행태가 비인간적이고 부조리하며 비생산적이기까지 하다는 생각을 참을 수가 없다. 리안 홀리데이의 대학 시절 이야기처럼, 여러분은 늘 남들의 못돼 먹은 짓거리에 허를 찔린다. 그리고 그런 일을 한 번씩 당할 때마다 남들도 다 나 같기만 하다면 세상이 얼마나 평화로울까라는 생각에 울컥한다.

하지만 현실이 그렇지 않기 때문에 여러분 같은 이상주의자가 생각하는 사회가 아니라 실제 사회가 어떻게 돌아가는지 이해해야 한다. 가끔, 상담실에서 여러분은 고백한다. 이러다 미쳐 버릴까 봐 두렵다고. 그런 기분이 들 법도 하다. 여러분은 형태만 다를 뿐 소외에서 소외로 옮겨 가고 있으니까.

## 소외의
## 세 가지 형태

농학자이자 역사학자인 프랑수아 시고(François Sigaut)는 현실을 지각하는 능력을 기준으로 삼아 소외를 세 형태로 구분했다.

 -심리적 소외: 남들은 현실을 있는 그대로 보는데 나는 그러지 못한다. 간단한 얘기다. 내 머리가 이상한 것이다.
 -문화적 소외: 나는 있는 그대로 현실을 보지 못하지만 남들도 그 점은 마찬가지다. 모두가 집단최면에 빠져 있다고나 할까. 가령 사이비 광신도 집단이 그렇다. 펜듈럼에 목숨 건 사람들도 마찬

가지다. 그들은 펜듈럼의 프리즘을 통해서 현실을 지각한다. 그런 사람이 얼마나 많은지 모른다!

- 사회적 소외: 나는 현실을 있는 그대로 보는데 남들이 그렇게 보지 못한다. 이 경우, 나는 뭔가가 잘못됐다고 생각하는데 남들은 아무 문제도 없다고 말한다. 모두가 현실을 명철하게 볼 수 있다면 가장 이상적이겠으나 어차피 현실에 대한 지각은 주관적이다. 그런데 이 불가피한 소외 속에서 어느 하나를 선택하기란 어렵다.

심리적 소외에 빠진 사람은 매사를 색안경을 끼고 바라보는 셈이다. 그 사람은 실수와 실언을 거듭하고, 인간관계의 실패와 뼈아픈 거절을 경험할 것이다. 심리적 소외에 빠져 포식자 같은 존재를 부정하면 그 사람의 안전 자체가 위험해진다. 게다가 이러한 소외는 사람을 정말로 정신병까지 몰고 간다.

문화적 소외에 빠진 사람은 어떤 체계를 그 한계와 문제점까지 고스란히 받아들인다. 그런데 집단의 가치에 100퍼센트 찬동한다는 것은 불가능하기 때문에 그러한 받아들임은 자신의 어떤 부분을 포기하면서 일종의 지배를, 개인의 의견보다 우선하는 집단의 의견을 받아들이는 것이다. 이것이 사회 속에서 말썽 없이 조용히 살아가기 위해 치러야 하는 대가다.

다들 알겠지만, 일반적인 사고방식의 소유자들은 충분히 의식적으로 그 편을 택한다. 그들은 말한다. 세상은 완벽하지 않지만, 고려해야 할 것은 완벽한 세상이 아니라 있는 그대로의 세상이라고. 따라서 이 선택을 따르지 않는 이들이 겪는 사회적 소외는 부분적이지만 확고하다. 장 자크 루소의 '사회계약설'도 비슷한 맥락에서 이해할 수 있다.

사회적 소외는 인간 사회가 아주 잘못 돌아가고 있다는 예리하고 뼈아픈 각성에서 비롯된다. 여러분에게는 더 말할 필요도 없다. 정신적 과잉 활동인의 대다수는 늘 사회적 소외 상태에 있으니까. 여러분이 사회 체계에 저항하든 그렇지 않든, 그 안에서 늘 괴로워하는 것만은 분명하다. 『나는 생각이 너무 많아』에서 내가 정신적 과잉 활동인을 어떻게 묘사했는지 기억하는가?

"그들의 완벽한 이상은 현실의 천장 아니면 바닥에 붙어 있는 것 같다. 하지만 그들 자신은 천장과 바닥 사이에 있기 때문에 이토록 불완전하고 어긋난 현실을 소화하고 자기네들의 진실을 회복하려면 오만 가지 왜곡을 가하지 않을 수 없다. 회사나 가정에서 그들은 온갖 불의와 갈등을 해소하기 위해 사태를 왜곡하면서까지 중재역을 맡는다. 물론 왜곡에 힘입어 중재를 한다는 것은 몹시 지치는 일이다. 하지만 그들에게 신념을 버리라든가 다 놓아 버리라는 말은 할 수 없다."

이 말을 세 가지 소외에 비추어 생각해 보면 더욱더 의미심장하다. 사회적 소외가 문화적 소외와 충돌할 때, 여러분은 심리적 소외에까지 이르게 된다.

그렇기 때문에 이 장에서는 여러분이 부분적으로 놓치고 있는 사항,

다시 말해 문화적 소외를 좀 더 살펴보려 한다. 여러분은 보통 사람들보다 이런 부분에 약하다. 문화적 소외를 이해하면 심리적 소외와 사회적 소외에서 벗어나는 데에도 도움이 된다. 엄연히 존재하는 행동방식을 고려하지 않을 수는 없다. 여러분은 지각한 바에 충실하게 행동하는 법을 배워야 한다. 광인과 현자의 차이가 뭔지 아는가? 현자는 상대를 가려 말할 줄 안다.

우리는 먼저 사람을 말하고 그다음에 사회를 다룰 것이다. 사회적 인간의 발전 단계를 살피고 사회의 구조와 사회적 관계에 대해서 말해 볼 것이다.


# 남들도
# 다 나 같다고?

개인 수준에서 여러분은 정말로 심리적 소외라는 딱지가 붙을 만하다. 그 이유는 여러분이 사람들을 현실 그대로 보지 않기 때문이다. 정신적 과잉 활동인은 새로운 사람을 대할 때마다 일단 상대가 참되고 진실한 사람, 도덕관이 투철하고 성심성의껏 협력할 법한 사람이라고 생각하는 경향이 있다. 상대의 사람됨을 검증하지 않고도, 일단 그럴 것이라 믿고 대한다. 나는 이러한 태도가 인간관계에서 '백지수표'를 남발하는 것이라고 했다.

여러분은 뚜렷한 반증이 나올 때까지 무조건 상대를 믿어 준다. 따라서 헛발을 디디고 넘어질 때가 많을 수밖에 없다. 더 큰 문제는, 내가 상대를 믿어 주면 상대도 내 신뢰에 걸맞게 행동할 거라고 지레짐작한다는 것이다. 실제로 여러분 자신은 그렇게 행동한다. 그런데 안타깝지만 어쩌겠는가, 그런 사람은 소수다. 그런 자세를 취했다가 한두 번 환멸을 맛본 게 아닌데도 여러분은 그냥 세상에는 진짜 못돼 먹은 사람들도 있다, 그러니까 조심해야 한다는 생각 자체가 싫은 거다.

상대의 민낯을 본 후에야 비로소 그 사람을 신뢰할 수 있다는 발상이 여러분에게는 위선의 극치 같다. 하지만 자기 아이들에게 아무나 차별 없이 무조건 신뢰하라고 가르치겠느냐고 물어보면 그건 아니라고들 대답한다. 내가 이 질문을 던지고 나면, 여러분도 여러분이 취하는 입장이 말이 안 된다는 것을 깨닫는 듯해서 그나마 다행이다.

정신적 과잉 활동인이 자신의 차이에 크게 의미를 두지 않으면 남들도 다 자기 같을 거라고 생각하기 십상이다. 그는 다른 사람들도 다 자기처럼 진실하고, 자기처럼 머리가 빨리 돌아가고, 자기처럼 선의가 넘치는 줄 안다. 전작에서도 말했지만 여러분은 사람들의 실제 능력보다 잠재력에 더 주목하고 그래서 거의 필연적으로 상대를 과대평가하곤 한다.

하지만 말이다, 지나쳐도 너무 지나치다! 특히 여러분의 직감이 보내는 경고 신호를 무시할 때, 지구상에는 악당들이 엄연히 존재한다는 현실을 받아들이기 거부할 때, 그런 건 말이 좋아 선의이지, 맹목에 더 가깝다. 그래서 나는 도발적으로, 강력하게 말한다. 가령, 구역질 나는 뉴스거리를 예로 드는 식이다.

"이혼한 아내에게 복수한답시고 자식들을 살해한 아버지를 어떻게 생각하세요? 그 사람은 악인 아닌가요?" 그러면 여러분은 당황한 기색으로 이렇게 대꾸한다. "어떻게 그런 사람이 있을 수 있는지 정말 모르겠어요!" 아무렴, 모를 일이다. 그래도 세상에는 진짜로 그런 사람이 있는데 어쩌랴.

『나는 생각이 너무 많아』에서 나는 정신적 과잉 활동인, 일반적 사고방식의 소유자, 심리 조종자를 구분할 수 있어야 한다고 주장했다. 사람을 그런 식으로 차별하고 싶지 않다는 독자도 더러 있었지만, 그 충고가 크게 도움이 됐다고 말해 준 독자가 더 많았다. 나는 이제 여기서 한 걸음 더 나아가 보라고 말하고 싶다. 상대의 수준을 파악하고 그들의 소통방식에 눈높이를 맞춰 보라.

개인의 심리적 발달 단계는 다양하게 기술되어 왔다. 그중에서 로렌스 콜버그(Lawrence Kohlberg)의 '도덕성 발달 단계'가 나는 각별히 흥미로웠다. 로렌스 콜버그는 미국 심리학자로서 장 피아제의 단계별 인지발달에 영향을 받아 단계별 도덕성 발달 모형을 제시했다. 그는 이 발달 단계를 다음과 같이 정의한다.

### 관습 이전 단계: 자기중심 단계
어린아이다운 자기중심주의를 특징으로 하는 단계다. 아이는 기본

적으로 자기밖에 관심이 없다. 규칙은 아이의 외부에서만 온다. 아이
는 그러한 규칙을 보상과 처벌을 통해서만 지각한다.

### 1단계: 처벌 회피(2~6세)

아이는 처벌을 피하기 위해서만 자기 행동을 단속한다. 아직은 도
덕규범을 자기 것으로 체득하지 못했기 때문이다. 아이는 쾌락을 추
구하고 그러한 추구가 실현되면 즐거워한다. 불쾌감이나 고통을 느끼
면 좌절을 표현한다. 아이는 벌을 받을 수도 있다는 생각이 들어야만
겁을 먹는다.

### 2단계: 보상 추구(5~7세)

이 단계에서 아이는 벌을 받을 가능성뿐만 아니라 보상을 얻을 가
능성까지 함께 고려한다. '상을 받고 싶으니까 이러면 안 되겠다'를 생
각하기 시작하는 것이다.

### 관습 단계: 사회적 동의

자기중심주의가 누그러지고, 교환이 가능해진다. 이제 개인은 타인
들의 기대를 충족시키고 일반적인 법칙이나 수칙을 따를 수 있다.

### 3단계: 대인관계와 순응(7~12세)

자기가 속한 집단의 규칙을 자기 것으로 삼는다. 이 시기 아이에게

는 '남들이 나를 어떻게 생각할까?'가 제일 중요하다. 그래서 '사람들이 나를 좋아해 주는 게 좋으니까 이러지 말아야겠어'라고 생각한다.

### 4단계: 권위와 사회질서의 유지(10~15세)

아이는 이제 사회규범을 체득한다. 자신의 이익과 상충하는 규칙, 위반하더라도 처벌을 피할 수 있는 규칙도 따를 줄 안다. '이런 짓은 법에 어긋나니까 하지 말아야겠어.' 이러한 태도는 얼핏 공공선에 관심을 두는 것처럼 보일 수도 있으나 관습 단계에서는 아직 독자적인 판단을 내리지 못한다. 아이는 그저 법을 준수하면 도덕적으로 문제가 없다고 생각하는 것이다.

## 관습 이후 단계: 추상적 이상 수준

개인은 자신이 체득한 도덕적 가치들을 돌아보고 독자적인 윤리를 구축한다. 이제 어떤 법이 악법이라고 생각되면 지키지 않을 수도 있고 반대로 어떤 행위는 법적으로 아무 문제가 없더라도 도덕적으로 비판하거나 스스로 금할 수 있다.

스탠리 밀그램의 복종 실험이 보여 주었듯이 이 단계에 도달하지 못하는 사람은 아주 많다. 밀그램의 실험에서는 피실험자 대다수가 권위에 대한 복종으로 도피했기 때문에 다른 사람을 고문하면서도 그게 고문이라는 자각조차 없었다.

### 5단계: 사회계약과 인권(20~30세)

가까운 사람들에게 책임이 있다고 느낀다. 그래서 그들의 행복에 관심을 두고 자신의 이익을 그들의 이익과 조화시키려고 한다. 또한 자신의 개인적 도덕성과 규칙의 준수 사이에서 미묘한 양심의 문제를 맞닥뜨리곤 한다.

### 6단계: 윤리적 원칙과 보편적 권리

도덕적 판단은 보편적으로 적용 가능한 도덕적 가치에 근거하지만 어디까지나 주체가 윤리적 성찰(평등한 권리, 용기, 정직, 합의 준수, 비폭력 등)을 거쳐 개인적으로 내리는 것이다. 그리고 주체가 스스로 정립한 도덕적 가치는 단순한 준법보다 우위를 차지한다. 이 때문에 개인이 때때로 도덕적 소수의견을 옹호하고 나서기도 한다. 그는 불법행위를 선하다고 판단할 수도 있고, 법적으로 무리가 없는 행위를 악하다고 판단할 수도 있다. 이로써 개인은 외적으로 영향을 가하기 어려운 존재가 된다.

정신 활동이 지나치게 활발한 아이들은 아주 어릴 때 이미 관습 이후 도덕성의 몇 가지 요소를 드러낸다. 기억을 다루면서 이미 얘기한 바 있다. 반대로, 심리 조종자들은 처벌에 대한 두려움마저 아직 몸에 익지 않은 것 같다. 그들에게 중요한 것은 남을 괴롭히면서 맛보는 가학적 쾌감뿐이다. 이 두 극단 사이에 온갖 단계의 온갖 사람이 있다.

콜버그의 주장대로라면, 성인 인구의 13퍼센트만이 6단계 수준에 도달한다. 세상 모든 사람을 6단계 수준의 도덕성을 갖춘 양 다뤄서는 안 되며 그랬다가는 상대를 잘못 볼 확률이 87퍼센트라는 얘기다. 87퍼센트면 엄청나게 높은 확률 아닌가!

여러분이 항상 다른 사람들과 어긋나 있는 것 같은 느낌도 이런 의미로 볼 수 있지 않을까? 콜버그의 연구에도 내가 정의한 세 부류의 인간은 분명히 있다. 심리 조종자는 관습 이전 단계에 머물러 있고, 보통 사람들은 관습 단계에 있으며, 정신적 과잉 활동인은 관습 이후 단계에 가 있는 것이다. 이제 자기중심적인 사람들과 건전한 인간관계를 맺는다는 것이 얼마나 어불성설인지 이해가 가는가? "안 들키면 돼, 안 걸리면 돼."라고 말하는 사람들은 어차피 자기가 손에 넣고 싶은 것밖에 생각하지 않고 양심의 가책도 느끼지 않는다.

## 우리 사회가 잃어버린 것

이제 집단 수준에서의 개인을 문화적 소외와 사회의 작동이라는 면에서 살펴보자. 우리는 '문명' 하면 즉각적으로 매우 발전한 사회를 떠올린다. 호기심이 발동해서 라루스 사전에서 '문명인다움(civilité, 예의)' 항목을 찾아봤다. '점잖은 품행, 깍듯한 말, 관례적인 인사'라고 정의

되어 있다. 요컨대 문명인답다는 것은 ('야만적이고, 미개하고, 투박한' 사람과 대립되는 의미에서) '교양 있고, 교육받고, 교화된' 사람이라는 뜻이다. 라루스 사전은 '문명'을 딱 부러지게 정의하지 못한다는 인상을 준다. '인간의 진보와 사회의 긍정적 발전을 보여 준다고 여겨지는 행동양식과 가치의 총체'라고 되어 있는 걸 보면. 더 나아가 '문명화하다(civiliser, 개화시키다)'라는 동사의 의미를 찾아보면 사전조차 이제 그 의미를 믿지 않는 것 같다. '미개하거나 열등하다고 판단되는 사회, 국민, 국가를 문화적으로나 물질적으로 발전시키는 것.' 문명은 우리가 지금의 모습이라고 생각하는 바로 그것 아닐까?

인간 사회의 조직이 문명이라는 이름을 얻으려면 다음과 같은 몇 가지 조건이 충족되어야 한다.

- 인구 정착(도시의 형성)
- 분화된 상근 노동(직업)
- 잉여생산물의 집중(비축)
- 계급 구조(위계질서)
- 관리 조직(국가)

간단히 말해, 의학자 도미니크 뒤파뉴(Dominique Dupagne)가 확인한 대로 문명의 주요한 효과는 집단생활, 정주, 수렵과 채취의 분배, 생필품 비축, 지배자와 피지배자 관계라는 구석기 조직의 특징을 확

장시킬 뿐, 그러한 조직을 근본적으로 개혁하지는 않는다. 문명은 안전, 그리고 안정에 긍정적으로 기여한다. 그것만 해도 어디냐 싶긴 하다. 인간은 오로지 이 기본적인 안락을 토대로 삼을 때에만 생산에서 벗어나 예술, 철학, 연구로 눈을 돌릴 수 있기 때문이다.

비슷한 맥락에서, 정신적 과잉 활동인이 어떻게 생각할지 모르지만 화폐의 등장은 긍정적 요소였다. 휴대할 수 있는 화폐는 재화에 대한 접근을 용이하게 했다. 돈은 쉽게 저장하고 후손에게 물려줄 수 있기 때문이다. 이것은 분명한 진보다.

그러나 문명은 부족의 위계 안에 현존하던 현자들의 조언을 몰아냈다. 현자들의 조언은 족장을 견제하는 일종의 반권력이었다. 우리가 살아가는 사회에 지독하게 모자란 것이 바로 이런 유의 조언이다. 반권력이 존재하지 않는다면 우두머리의 권력은 위험천만한 전능자가 되어 버린다.

# 지배하는 인간 지배당하는 인간

사고 통제와 개인을 복종 상태에 묶어 두는 영구 공포에 힘입어 우리는 이제 민주주의의 모습을 취하는 독재, 그것도 가장 완벽한 독재에 진입했다. 사람들은 이 벽 없는 감옥에서 탈출하려고 하지 않는다. 독재자를 쓰러뜨릴 생각은 꿈에도 하지 않는다. 이 체제 속의 노예들은 소비와 오락의 덕을 본다는 이유로 자기네들의 예속을 되레 좋아한다.

－앨더스 헉슬리, 『멋진 신세계』

낭시 대학의 연구자 디디에 드조르(Didier Desor)는 1994년에 일명 '잠수하는 쥐―쥐들의 사회적 분화 실험'을 실시했다. 실험자는 쥐 사육장 안에 물이 가득 찬 터널을 만들어 쥐들이 먹이를 얻으려면 잠수를 해야 하는 환경을 조성했다. 물 밖에는 쥐가 먹고살 것이 전혀 없었다. 쥐는 물속에 완전히 들어가 먹이를 밖으로 가지고 나와야만 했다. 사육장에서 혼자 지내는 쥐는 늘 먹이를 구하는 데 애를 먹었다. 그러나 여섯 마리를 한 조로 묶어 사육장에 집어넣자 쥐들의 행동 양식에 변화가 나타났다.

실험 첫날, 쥐 세 마리는 물에 들어가려 하지 않았다. 이 세 마리는 아무것도 먹지 않았다. 둘째 날, 하나의 패턴이 잡혔다. 쥐 세 마리가 다른 쥐 세 마리를 물속으로 밀어 넣고 그 쥐들이 먹이를 가져오면 냉큼 공격해서 빼앗았던 것이다. 물속에 들어갔던 쥐들 중 한 마리만 전리품을 조심스레 챙긴 뒤 먹이를 먹는 중에도 계속 뒷발로 다른 쥐들을 위협함으로써 방어에 성공할 수 있었다. 이 쥐는 '독립 잠수부'라는 별명을 얻었다.

다른 두 마리는 '보급책 잠수부'로 전락해 수시로 물속으로 들어가 먹이를 구해다가 손 하나 까딱하지 않는 모리배 쥐들에게 바쳤다. 심지어 이 두 마리는 그러한 사회적 임무를 완수한 후에만 비로소 제 배에 들어갈 먹이를 챙길 수 있었다. 이렇게 수립된 사회구조는 변하지 않는 듯 보인다. 심지어 모리배 노릇을 하던 쥐들만 한꺼번에 사육장에 넣었을 때에도 이 구조는 동일했다. 첫날 하루는 여섯 마리가 죽어라 싸웠지만 둘째 날부터 착취자 쥐 세 마리, 피착취자 쥐 두 마리, 독립적으로 자급자족하는 쥐 한 마리라는 역할 분배가 어김없이 이루어졌다.

그다음에는 대규모 사육장에 2백 마리를 함께 넣어 보았다. 쥐들은 밤새도록 피비린내 나는 싸움을 벌였다. 다음 날 아침에 보니, 쥐 세 마리의 처참한 사체가 널브러져 있었다. 착취자 쥐들은 보좌관 역할을 할 쥐들을 발탁했다. 이로써 착취자는 자기가 직접 피를 보지 않고도 권위를 행사할 수 있었다. 대규모 사육장 실험에서는 또 다른 사실도 밝혀졌다. 일단, 스트레스가 가장 심한 쥐들은 착취자 쥐들이었다. 보급책 쥐들을 사육장에서 내보냈더니 착취자 쥐들은 결국 굶어죽었다.

놀라운 사실은 또 있었다. 쥐들에게 진정제 성분을 투여하고 물속에 들어가는 법을 학습하게 했더니 착취자-피착취자 위계가 수립되지 않았던 것이다. 이 연구는 우리에게 여러 가지를 밝혀 주었다. 첫째, 착취자-피착취자 위계는 기본적으로 공포와 스트레스 때문에 수립되는 것이다. 둘째, 이 실험에 따르면 지배자는 그 상황에 따라서 지배자가 되었을 뿐이다. 어느 한 상황에서 지배자였다고 해도 더 강력한 상대와 맞서는 상황에서는 피지배자로 전락할 수 있다. 반대로 피지배자가 지배자의 위협에서 벗어나 지배자 노릇을 할 수도 있다. 셋째, 사회 구성원이 많을수록 '약자'가 잔인하고 가혹한 대우를 받기 쉽다.

이 연구는 어디까지나 실험실에서 쥐들을 대상으로 한 것이었기 때문에 논란의 여지가 많았다. 도미니크 뒤파뉴의 말대로 "생물학은 사회학자들이 원치 않는 그들의 어머니"다. 그는 또한 "순진하지만 인간의 본성 안에서 공들여 유지된 믿음이 인간을 근본적 충동으로부터 보호한다."라고 말한다. 그러나 인간의 지배 위계가 쥐들에게서 나타나는 지배 위계와 가장 다른 점은 자율적 인간이 박해를 당한다는 사실에 있지 않을까.

집단 서식하는 포유류의 사회 조직은 다수가 받아들이는 지배 위계에 근거한다. 인간은 스스로 문명화되었다고 생각하지만, 정치는 몹시 구태의연하다. 인간관계는 기본적으로 지배와 세력 다툼이라는 점에서 여타의 영장류들과 다르지 않다.

도미니크 뒤파뉴는 우리도 우리 유전자의 아바타일 뿐이라고, 그 유전자에는 우리 종의 번성이 프로그래밍되어 있다고 강조한다. 이 모든 것은 생물학이다. 객관적으로, 권력을 휘어잡을수록 암컷 혹은 여성에게 접근하기가 쉬워진다. "권력은 가장 강력한 최음제다." 헨리 키신저도 인정한다. 거꾸로 말하자면, 여성은 자기 유전자(자녀)를 끝까지 잘 보호하고 번성하게 할 만한 사회적 지위를 갖춘 남성에게 더 끌린다. 그래서 민주주의는 잘 뿌리내렸다 싶다가도 어느새 또 쉽사리

흔들리곤 한다.

## 부패와 규범

도미니크 뒤파뉴는 민주주의를 확실하게 뒤흔드는 두 가지 수단으로 부패와 규범을 지목한다. 우리는 부패에 대해서 아주 부분적으로만 안다. 탁자 아래 몰래 오가는 봉투나 조금씩 대놓고 떼어 주는 커미션을 연상하는 게 전부다. 그런데 부패는 매우 다양한 모습을 취한다. 금전적 성격을 띠지 않는 정신적 부패도 있다. 부패는 대개 암묵적이다. 이 동맹과 협상 놀음은 쉽게 말해 "내가 잘나가게끔 협력하면(그 협력이 질적으로 어떻든 간에!) 너한테도 콩고물이 떨어질 것이다."라는 뜻이다.

어느 연구책임자가 자신을 전혀 비판하지 않고 자신과 전적으로 같은 의견을 고수하는 학생을 보았다 치자. 연구책임자는 그 학생이 충직한 가신이 될 수 있겠다 생각해서 자기 팀으로 영입했다. 이 연구책임자가 잘못했다고 할 수 있을까? 대부분의 경우, 우리도 견해가 같은 사람들을 좋아한다. 게다가 연구책임자가 뭐 하러 일부러 견해를 달리하는 사람을 팀원으로 발탁해서 일을 어렵게 만들겠는가?

이러다 보니, 과학의 진보를 도모한다는 연구진조차 지나치게 뜻이 같은 사람들로만 꾸려지기 일쑤다. 노쇠하고 한물 간 연구책임자가 자기 입맛에 맞는 젊은 연구자들을 지배한다. 연구책임자를 비판할 줄 모르는 연구자가 꼭 계산적으로 행동한 것이라고 볼 수는 없다. 그는 그저 멘토의 지배를 받아들이고 암묵적 복종에 들어갔을 뿐이다.

마찬가지 맥락에서, 우리는 어떤 설비나 시설이 위험하다고 느끼면서도 일을 시끄럽게 만들고 싶지 않아서, 행정기관이나 주최 측과 마찰을 빚기 싫어서 모른 척할 때도 많다. 가끔은 실제로 비극적인 사고가 일어난다. 그러나 대개 별일 없이 넘어간다. 학교폭력이라는 것도 따지고 보면 보복에 대한 두려움 외에는 아무 근거가 없는 일종의 부패다. 이때 부패한 자(불의를 못 본 척하는 학생)는 착각 같은 평화 외에는 얻는 바가 없다.

인간 집단에게 공통적인 행동방식의 토대를 마련해 주는 규범이 존재하고, 분쟁 상황에서 그 규범을 기준으로 삼으면 된다고 생각하는 이들도 더러 있다. 하지만 규제를 위한 법의 수를 보건대, 규범은 주로 군중을 복속시키는 데 그 목적이 있는 듯하다. 이 목적은 이중적이다. 행동을 통제하는 것, 그리고 개인에게 언제든 자신이 잘못을 저지를 수 있다고 생각하게 만드는 것이다. 법이 자꾸 남발되고 있다고 할까. 너무 많은 법이 참다운 법을 죽인다. 그렇게 많은 법이 왜 필요할까?

너무 많은 규범에 매몰된 시민은 자신이 법적으로 안전하지 않다고 느낀다. 우리는 지나치게 많은 법안이나 규제가 어리석고 임의적이라고 느끼면서도 그것을 와해시킬 수는 없다고 생각한다. 그러한 와해는 전체 사회 구조를 무너뜨리지만 와해를 주도한 세력의 위상은 강화할 것이다. 간단히 말해, 우리가 복잡하게 살아가는 이유는 우리 자신을 더 잘 통제하기 위해서다. 기업의 행보도 큰 줄기는 다르지 않다.

## 강직한 사람은 넘지 못하는 선

더욱이 인간은 위계라는 사다리에서 높이 올라가면 올라갈수록 도덕성이나 공동선에 대한 감각이 희박해진다. 엘리트들의 인재 등용 방식이 순전히 '현실 원칙'만을 고려한다는 점, 즉 부패를 용인하는 자들만을 중용한다는 점만 보아도 알 수 있다. 지나치게 순수하고 청렴한 사람은 자기네 체제 전체를 귀찮게 하니까. 그 때문에 능력이 있는데도 강직한 사람들은 어느 선 이상으로 올라가지 못한다.

뒷거래를 용인 못하는 사람은 절대로 넘어갈 수 없는 선이 있다. 우리는 지배를 추구하는 이 자연스러운 인간 본성을 간과하고 아무런 제동도 걸지 않았다. 우리의 지배 충동을 제대로 다스리기 원한다면 사람의 본성이라는 것을 정면으로 바라봐야만 한다.

일단, 부패와 규범에 찬동하는 인간이 아주 많다는 것만은 명백하다. 그러한 부패와 규범이 민주주의라는 착각을 떠받치고 있다. 선거 결과만 봐도 알 수 있다. 시민들은 부패한 정치인에게 서슴없이 한 표를 던지곤 한다. 유권자에게는 그 정치인이 더러운 사건에 연루되었다는 사실이 오히려 그가 수완이 좋고 이 체제에 적응을 잘하고 있다는 표시처럼 보이는 걸까? 그래야만 자기 지역구나 시·도를 위해서, 다시 말해 유권자들의 자기중심적 이익을 위해서 유능하게 일처리를 할 수 있다고 생각하는 걸까?

# 착취자 vs
# 접합자

🪐 투철한 양심과 웅숭깊은 마음은 번민과 고통을 피할 도리가 없다. 내 생
각에, 진정 위대한 인간은 이 세상에서 가없는 슬픔을 느끼는 것이 마땅
하다.

－표도르 도스토옙스키, 『죄와 벌』

　인류학적으로 인간은 항상 부족 생활을 해 왔다. 인류의 집단생활
에 적용되는 인류의 '천성적' 규칙이라는 것이 존재하는가? 아니면, 인
간은 다른 인간에게 사나운 늑대일 뿐인가? 이 의문은 아직 풀리지
않았지만, 이렇게 대답할 수 있지 않을까. 둘 다 맞다!

　인간이 다른 인간의 포식자에 불과하다면 집단생활이 가능하지 않
았을 것이고, 지금까지 인류가 지구상에 남아 있지도 않았을 것이다.
하지만 인류에게 천성적인 규칙이 자발적으로 기능한다면 도둑질, 강
간, 살인은 왜 일어날까?

　콜버그의 도덕성 발달 이론에서 보았듯이 인류는 이 양극의 어느 한
쪽으로 치우치지 않고 가운데로 걸어왔다고 할 수 있다. 한쪽에는 착
취자, 악당, 이기주의자, 욕심쟁이가 있다. 다른 한쪽에는 공감과 이타
주의를 신조로 삼고 살아가는 너그럽고 사리사욕 없는 사람들이 있다.

　우리는 공감을 통해서 타인이 느끼는 바를 함께 느끼고 이해한다.

이타주의는 자기 이익과 타자 또는 집단의 이익이 상호 보완적이라는 점을 깨닫고 두 이익을 결합하게끔 이끈다. 유난히 공감 능력이 뛰어나고 이타적인 사람들은 집단을 단단히 결속시키는 접합제 같다. 공동체를 성공적으로 꾸려 나가려면 그들의 역할이 아주 중요하다.

실제로 집단의 힘이라는 것은 개인에 무게를 싣는 이기적 행동과 집단에 무게를 싣는 사회적이고 공감 어린 행동이 절묘하게 배합될 때 나온다. 도미니크 뒤파뉴는 공감 능력이 뛰어난 이타주의자들을 '접합자'라고 부른다. 접합자들은 집단의 결속이나 존중 같은 옛 조상의 가치를 품고 사는 사람들이기도 하다.

한 집단 안에서 착취자와 접합자가 차지하는 비율은 각기 얼마나 될까? 둘 중 어느 쪽도 아닌 사람은 또 얼마나 될까? 그 비율을 정확하게 파악하기란 어렵다. 접합자를 관습 이후 도덕성 단계에 도달한 사람이라고 본다면 전체 인구의 13퍼센트 정도를 차지할 것이다.

나는 도스토옙스키의 말대로 가치관이 투철하고 가슴이 넉넉한 이들은 동시대를 살아가는 다른 이들의 비열하고 못된 짓거리를 보면서 아파하고 괴로워할 수밖에 없다고 생각한다. 공감 능력이 뛰어난 사람들은 사회의 위계를 건드리지 않는 한에서, 그들의 행동이 수직적 구조를 건드리지 않고 수평적으로만 영향을 미치는 한에서 좋게 보일 수 있다. 집단을 결속시키는 마음씨 고운 사람, 발명가, 과학자, 자발적인 봉사자는 리더십을 발휘하더라도 권력을 추구하지 않는다면 문제가 되지 않는다. 하지만 조심하라, 행위의 보상을 절대 바라서는 안 된다. 아니, 지나치게 명석하고 유능한 탓에 크나큰 대가를 치를 위험도 있다. 보상은 지배자들에게만 돌아가야 하니까!

사람들은 서로 다른 위계에 잘 적응한다. 유전적으로도 그렇게 프로그래밍되어 있고, 사회적으로도 그러한 방향으로 교육을 받는다. 저마다 학업 성적이나 능력에 따라 사회구조가 제안하는 자리를 받아들이고 더 많은 재화에 접근하기를 바란다. 이러한 암묵적 규칙에 적응 못하고 사회구조를 거부하는 사람은 범죄자나 주변인이 되든가 독자 노선을 걷는다. 어쨌거나 쥐 실험에서도 여섯 마리 중 한 마리는 자율을 택하지 않았던가.

과거에는 부족 자치가 가능했다. 구성원의 수가 일정 선을 넘어가면 새로운 부족이 갈라져 나갔기 때문이다. 그리고 만약 지배자가 지나치게 독재를 휘두르면 피지배자들이 힘을 합쳐 공세에 나설 수도 있었다. 쥐 실험에서도 지배 행동과 약자에 대한 가혹 행위는 개체수가 많을수록 심해지는 것으로 나타났다.

현재 문명화된 인간들은 너무 큰 집단 안에서 극소수의 지배자에게 휘둘리고 있다. 어떤 나라들은 하나의 강대국이 지배하는 세계를 꿈꾸기도 했다. 그러나 온 세상을 휘어잡고 싶어 했던 강자들은 결국 폭주하고 말았다.

잊지 말자, 지배자 노릇을 한 쥐들은 극단적인 스트레스에 시달렸고 피지배자들이 사육장에서 사라지자 굶어 죽고 말았다. 어쩌면 인터넷에서 위계질서에 이질적인 반권력이 등장함으로써 인간 사회에도 그 비슷한 일이 벌어질지 모르겠다.

## 인터넷과
## 집단지성의 힘

인터넷 세계와 SNS를 부정적으로 보는 사람은 많다. 실제로 익명성과 결부된 무책임, 정보 공유와 확산의 위력, 혹은 거짓 정보 등에서 기인한 안타까운 사건이 없지 않다. 물론, 실리콘밸리의 상어들이 빅브라더에게 힘을 실어 주는 것처럼 보일 수도 있다. 그들은 우리를 감시하고 소비를 부추기는 수단으로서의 알고리즘 개발에만 매달리는 것 같다. 페이스북이 우리를 검열하고 '좋아요'를 누르느냐 마느냐라는 옵션만을 남겨 둠으로써 긍정적으로 조작된 세계상을 보여 주는 것 같기도 하다.

그러나 긍정적인 성과들이 있었음은 부정할 수 없다. 가령, 열세 살짜리 소녀가 SNS에서의 괴롭힘을 꽤나 효과적으로 차단하는 소프트웨어를 개발하기도 했다. 게다가 인터넷 세계는 워낙 새롭고 아직 제대로 된 규제가 없다. 불과 몇 년 전까지도 인터넷은 젊은 세대의 전유

물이었다. 윗세대는 컴퓨터 사용이 서툴렀기에 당시의 젊은 세대는 누구의 도움이나 지도 없이 가상 세계를 경험해야만 했다. 그러나 이제 '세계 2.0'이라는 명칭이 무색하지 않을 만큼 새로운 세계가 차차 자리를 잡고 있다. SNS를 재미있게 사용한 경험이 없는 사람은 지금 우리가 얼마나 놀라운 변화를 목도하고 있는지 실감하지 못할 것이다.

인터넷 서비스를 공유하고, 정품을 살 수 없어서 어떻게든 무료 소프트웨어를 만들어 내고 공유하던 괴짜(geek)들이 선두에 섰다. 엄청난 정보를 집중적으로 제공하는 블로그들, 특정 주제를 다루는 웹사이트들이 그 뒤를 따랐다. 지금은 거의 모든 분야의 정보를 인터넷에서 직접 구할 수 있다. 검색엔진을 붙들고 몇 분만 씨름하면 거의 뭐든지, 가령 베샤멜소스를 실패 없이 만드는 법까지 바로 나온다. 가히 집단지성을 논할 만하다. 네티즌들은 인터넷에서 협력하여 전문가 뺨치는 수준의 지식과 견해를 구축한다. 환자가 자기 질병에 관해 만들어 놓은 블로그가 의사나 그 질병의 전문가도 모르고 있던 새로운 정보나 대안을 제시하기도 하는 세상이다.

## 사라지는 권위

도미니크 뒤파뉴는 집단이 문헌의 지배자보다 더 나은 정보를 줄 때 학문의 위계질서가 사라진다고 설명한다. 우리는 이러한 현상을 '역량 강화(empowerment)'라고 부를 수 있다. 웹 2.0의 도움으로 더 많은 정보와 요긴한 조언으로 무장한 개인은 자기 역량을 강화하고 더 이상 의사, 변호사, 정부에게 일방적으로 지배당하지 않는다.

지식에 근거한 지배는 점점 불가능해진다. 게다가 네티즌은 미디어의 처벌이라는 가공할 반권력적 무기를 쥐고 있다. 이 처벌은 지배자의 브랜드 이미지에 치명적인 타격을 입힌다. 셰익스피어는 "영영 드러나지 않을 죄는 없다."라고 했다. 인터넷 세상에서 이 말은 각별히 옳다. 네티즌들은 정보를 거의 실시간으로 공유하면서 수용자인 동시에 전파자 역할을 한다. 그래서 이제 정보를 통제하거나 빼돌리기가 매우 어려워졌다. 거짓 정보는 금세 가려진다.

그래서 아무것도 모르고 기만적인 정보를 전달하더라도 사정을 잘 아는 다른 네티즌이 여기에 링크를 걸어 헛소문이나 속임수인지를 알려 줄 수 있다. 웹상에서 일어나는 움직임을 권력에 맞춤하기란 거의 불가능하다. 블로거는 자신이 정보를 조작해 누군가의 앞잡이 노릇을 하면 독자들의 신뢰를 잃는다는 것을 안다.

현재 양질의 정보를 갖춘 네티즌들과 '역량 강화' 현상을 어떻게 관리해야 할지 모르는 권력층 사이에 골이 깊어지고 있다. 탄압, 정보 조작, 위협의 시도는 점점 효과가 떨어지고 가능하지도 않다. 비슷한 맥락에서 플래시몹 현상에는 정부를 경악하게 할 만한 요소가 있다.

플래시몹이란 웬만큼 규모가 있는 집단이 인터넷상에서 공모해서 정해진 시각, 정해진 장소로 집결하고 집단행동을 하는 것이다. 가령 몇 분간 함께 춤을 춘다든가, 미리 약속한 동작을 똑같이 취한다든가 해서 행인들을 놀라게 하고는 번개처럼 뿔뿔이 사라진다. 플래시몹

댄스는 유쾌한 장난처럼 보이지만, 인터넷상에서 형성된 집단의 예측 불가능한 성격과 숨겨진 무서운 행동력을 시사한다.

게다가 웹상에서의 복합적 사유는 위계와 무관하다. 어느 한 구성원이 체제를 통제하지 않고, 그렇기 때문에 어떤 구성원도 부패할 수 없다. 그러므로 집단지성이야말로 현재의 지배 체제를 제압할 수단이다.

### 수직적 위계에서 수평적 질서로

도미니크 뒤파뉴는 많은 의학 블로그에서 집단이 거의 자동으로 개인의 행동을 규제하며 그 규제 방식이 늘 온건하지만은 않다는 사실을 관찰했다. 집단은 재빨리 부정적이고 비판적인 요소를 감지해 내고 그것들이 자기네 구성원에게 영향을 주지 않게끔 처리한다. 인터넷상에서도 일단 집단이 이루어지면 자기네를 위협하는 존재에게 일관성 있게 맞설 줄 안다. 나는 오래전부터 심리 조종자들을 이런 식으로 빨리 파악해서 처리하면 얼마나 좋을까 생각해 왔다. 우리가 집단적으로 단호하게 그들의 삐뚤어진 행동에 맞선다면, 심리 조종자들이 못된 짓을 저지르기도 힘들어지고 일을 저질러 놓고 미꾸라지처럼 빠져나가기도 힘들어질 것이다.

어느 집단에서나 집단지성이 형성되면 지배적 위계가 사라지고 대인 관계, 사회적 의식, 팀에 대한 긍정적 소속감이 강화된다. 이것은 무정부상태(anarchie)가 아니라 헤테라키(hétérarchie, 위계에 반하는 수평적 협력적 질서)로 봐야 한다. 여기에는 실제로 함께 행동하고 함께 건

설할 역량이 있기 때문이다. 이런 집단 내에서는 최소한의 규칙이 있을 뿐, 법이 남발될 일이 없고 자율성은 최대치로 유지된다. 그러한 결과에 도달하는 것이 엄연히 가능하다는 얘기다.

그럼에도 도미니크 뒤파뉴는 인간의 영장류다운 본성을 명확히 짚고 넘어가면서 인간의 진화에 대해서는 딱 어느 선까지만 인정한다. "만약 인류가 언젠가 더 사회적인 조직으로 나아가 자기들의 지배 충동을 엄격하게 다스린다면, 그 이유는 그로써 인간의 운명이 더 나아지기 때문일 것이다. 종교나 도덕 같은 여타의 이유는 갖다 댈 것도 못 된다. 도덕은 재화의 매력을 좀체 버텨 내지 못한다."

나는 그래도 조금은 더 낙관적이다. 여러분도 알 만큼 알 것이다. 나는 여러분이 역량 강화를 확대할 수 있으리라 기대한다. 게다가 나는 정신적 과잉 활동인들이 구성한 단체나 웹사이트, 블로그 등을 통해서 영재, 아스피, 우뇌형 인간, 그 밖의 관련 개념을 어떻게 파악하는지 알 수 있었다. 여러분의 뇌를 스캔하고 뜯어보고 싶어 하는 사람들보다 여러분이 더 많은 것을 알고 있다!

나는 이 장에서 여러분의 발목을 잡는 모든 종류의 소외를 걷어 내고 싶었다. 여러분이 현실을 최대한 객관적으로 바라볼 수 있는 수단을 제공하고 싶었다. 현 상황에 대한 보고서는 아직 많이 아쉽다. 하지만 여러분이 일단 나서면 대대적인 변화가 가능하다.

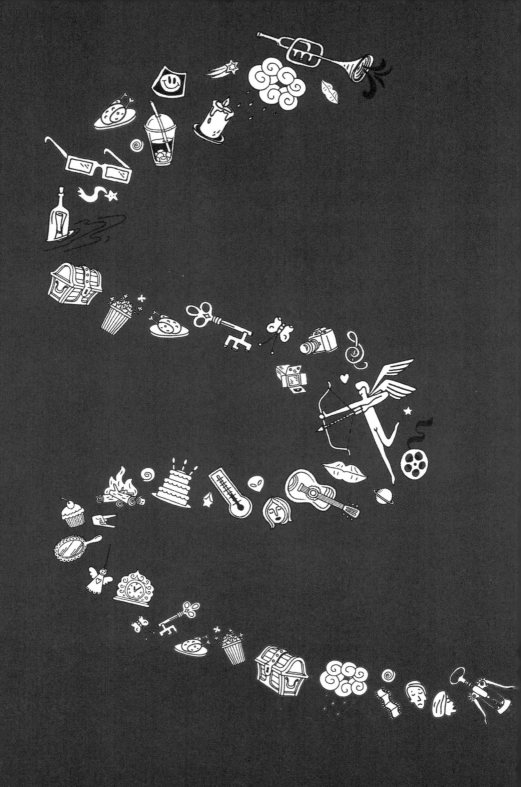

# 3부

# 생각은 많지만 세상살이는 서툰
# 당신을 위한 생존 전략

# 8장

## 능력자인 당신이 직장에서 괴로운 이유

이제 직장에서 여러분의 태도를 한번 돌아보자. 여기서도 여러분의 시각은 보통 사람들과 상당히 동떨어져 있다. 여러분은 심리적 소외와 사회적 소외에 한 발씩 걸치고 있으니 직장 상사, 동료, 부하직원들의 문화적 소외에 대한 정보가 부족할 만도 하다.

여러분이 직장에서 중요시하는 가치는 극기, 팀스피릿(그리고 공공선), 완성도 높은 작업, 실력, 공정성, 그리고 무엇보다도 대쪽 같은 청렴이다. 모두가 이러한 가치를 공유한다면 팀장은 실력과 카리스마를 겸비할 것이고, 모두가 자기 일에 최선을 다할 것이며, 비생산적이고 어리석은 태업 따위는 아무도 하지 않을 것이다. 그러나 여러분은 이미 직장에서 자신의 가치가 무시당하고 조롱받는 꼴을 질리도록 보아 왔으리라. 도대체 회사에선 무슨 일이 일어나는 걸까? 현실은 어디에 있는가?

경영 쪽에 잘 알려져 있는 조정 경기 이야기를 해 볼까 한다. 조정 경기에서 두 대학이 맞붙었다. 한쪽은 이기고 한쪽은 질 수밖에 없다. 이긴 팀에는 노를 젓는 조수 여섯 명, 방향을 잡는 타수가 한 명이었다. 진 팀은 타수 한 명, 노 전문가 한 명, 장비 전문가 한 명, 컨설턴트 한 명, 경영 전문가 한 명, 검사관 한 명, 노를 젓는 조수 한 명으로 구성되어 있었다.

패배한 대학 팀은 당장 회의를 열고 원인을 분석했다. 그들은 조수에게 문제가 있다고 판단해서 그 자리에서 그를 내쫓았다. 노잡이가 없으니 팀은 바로 깨졌지만, 다들 팀이 없어진 게 자기 탓은 아니라고 생각했다.

## 진짜 능력자는 골칫거리

자, 여러분이 노잡이라고 생각해 보자. 패배한 대학 팀에는 무능한 주제에 당신이 뭘 하든 트집 잡고 화살을 돌리는 인간들이 득시글거린다. 논리도 없고 허구한 날 말이 안 되는 결정이 떨어지니 미칠 노릇이다. 하지만 여러분이 진짜 힘든 이유는 무거운 짐을 지고 있어서가 아니다. 여러분은 내심 여러분 때문에 시합에서 졌다는 동료들의 생각에 동의하고, 자기가 아무 짝에도 쓸모없는 인간이라고 느낀다. 심지어 승리한 대학 팀에 있었다고 해서 행복하란 법도 없다. 자신감은 없는데 자기 가치를 증명해 보이고 싶어서, 뒷일은 생각하지도 않고 자기를 다 쏟아붓기 십상이기 때문이다.

군이 무리하지 않아도 제 몫을 잘해 내는데 너무 힘을 쓰고, 너무 세게 노를 젓는다. 그래 놓고 다른 노잡이들이 화를 내면 눈치도 없이 이렇게 대답한다. "내가 뭘 어쨌다고 그래. 아냐, 나는 체격도 부실하고 실력이 달리니까 그 정도는 해야지."

한술 더 떠 타수에게도 이러면 좋을 것 같다, 저러면 더 나을 것 같다 하며 따뜻하고 애정 넘치는 조언을 건넨다. 여러분에게는 그런 조언이 타수의 능력을 간접적으로 문제 삼고 그의 권위에 생채기를 낸다는 의식조차 없다. 자, 정신적 과잉 활동인들의 상당수가 직장에서 괴롭힘을 당하는 이유를 이제 알겠는가.

### 재주는 곰이 넘고 돈은 왕 서방이…

'피터의 법칙(The Peter Principle)'이라는 것이 있다. 조직 내에서 구성원은 자신의 무능이 드러날 때까지 승진하고 그 수준에서 머문다. 논리적으로 말이 되는 얘기다. 어떤 사람이 일을 잘하면 회사는 그를 승진시킨다. 그는 잘하던 업무에서 생소한 업무로 옮겨 간 셈이다. 한동안 일을 열심히 배워 새로운 업무도 능숙하게 해내면 회사를 그를 또 승진시킨다. 이렇게 조직에서 상위로 진출할수록 그의 업무는 계속 바뀌고 작업 능률이 떨어지는 일이 반복된다. 그래서 어느 단계까지 올라가면 그 사람은 한계에 도달해서 더 이상 만족스러운 성과를 낼 수가 없다.

이제 승진은 불가능하지만 회사는 그를 하위 직급으로 돌려보낼 수도 없다. 따라서 그 사람은 자기가 잘 감당하지 못하는 그 자리에 눌러앉게 된다. '나는 여기까지구나'라고 생각하는 사람은 자신이 능력을 발휘하지 못하는 자리, 결코 뚫지 못할 유리천장 바로 아래까지 왔다는 얘기다. 직장에서 간부급 관리자들은 잘하지도 못하는 업무를 맡아서 끙끙대며 '노를 젓기' 때문에 그토록 스트레스가 심한지도 모른다. 그러니 간부들도 안됐다고 생각해 주자!

역설적이지만 너무 유능하고 청렴한 사람도 똑같은 유리천장에 부딪힌다. 어느 선을 넘어가면 그다음부터는 일솜씨가 아니라 정치가 직위를 좌우한다. 자칫 내 그림자가 지배자들을 가리지 않게끔, 그들의 뒷거래를 방해하지 않게끔 암묵적인 규칙에 눈치껏 적응할 수 있어야 하는 것이다.


다른 한편으로, 회사가 직원을 평가하는 두 가지 기준 자체에도 문제가 있다. 첫째 기준은 개인의 목표 성취 여부로, 동료에 대한 지원 여부는 지나치게 주관적이라는 이유로 대개 고려되지 않는다. 그러니 조직 안에 개인주의적인 행동과 경쟁이 성행할 수밖에 없다. 둘째, 회사의 인사고과는 상사의 평가를 주요한 기준으로 삼는다. 지배 관계 안에서 순순히 복종하고 직속 상사의 세력 확장에 협조하는 행동만이 좋은 점수를 받는다.

회사에서 꽃길을 걷기 원하는 아랫사람은 이러한 기본 여건을 이해해야 한다. 지배 기제를 이해하지 못한 채 뭔가를 해내거나, 동료를 돕는 데 치중하거나, 상사의 문제점을 지적하는 사람에게는 가시밭길이 펼쳐진다. 게다가 재주는 곰이 부리고 돈은 왕 서방이 챙긴다고, 여러분이 남 좋은 일만 하고 그 공을 인정받지 못할 때도 많다.

## 저게 누굴 또 물 먹이려고 저러나

사실, 진짜 능력자들은 회사의 골칫거리다. 개썰매 시합에 경주마 한 마리가 뛰어들었다고 상상해 보라. 진짜 능력자들은 기존의 리듬을 파괴하고, 관례를 뒤엎고, 기준을 흐트러뜨린다. 그래서 직장 동료와 상사에게 열등감을 느끼게 하는 능력자 직원보다는 일솜씨는 그만그만해도 말을 잘 듣는 직원이 늘 선호도가 높은 것이다. 내가 일을 너무 잘하면 내 상사가 더 이상 오를 수 없는 한계에 몰릴 확률이 높아진다. 실력과 카리스마를 겸비한 리더를 원하는 당신, 위계질서를 별로 의식하지 않는 당신, 게다가 능력마저 월등한 당신은 상사를 불안하게 만든다.

그리고 회사 사람들이 모두 당신처럼 일의 완성도를 추구하지도 않는다. 그들에게는 월급과 승진 가능성이 더 중요하다. 사람마다 생각하는 목표가 분명히 다르고 그 목표에 도달하는 수단에 대한 생각도 다르다. 모두들 승진을 위해 경쟁하는데 당신은 경쟁을 거부한다. 객관적으로 당신을 원하는 곳이 많은데 당신은 겸손 아닌 겸손으로 일관하며 여유를 부리니 동료들은 더 짜증이 치민다. 원래 권력 다툼이 치열한 조직일수록 비인간적인 법이다. 경쟁자를 제거하고 자기가 돋보일 기회에 비하면 생산성 따위는 부차적 문제다.

명령에도, 그에 반대되는 명령에도, 권력을 확고히 하려는 목적밖에 없다. 잘못된 것은 잘못됐다고 또박또박 짚고 가는 대쪽 같은 당신, 그래 봤자 회사 사람들은 '저게 누굴 물 먹이려고 저러나?'라는 생각밖에 하지 않는다.

## 대쪽 같은 사람은 미운털만 박힌다

조에 셰파르(Zoé Shepard)는 지방공무원 생활을 하면서 공무원 집단 내에서 일어나는 일에 경악했고, 그 경험을 『해도 해도 너무해, 한 달에 35시간 일하기(Absolument dé-bor-dée)』라는 소책자로 출간했다. 그녀는 낭비, 허식, 무능, 부정행위, 권력 다툼에 분노했다. 그녀의 책은 재미있고, 신랄하고, 한 치 틀림없는 사실만을 전한다. 대중은 이 책을 좋아했다. 심지어 공무원 조직의 고인 물이 잠시 흔들리는 것처럼 보이기도 했다.

그러나 저자의 처지 말고는 근본적으로 아무것도 변하지 않았다. 조에 셰파르는 이 책을 발표한 뒤 엄청난 보복에 시달렸다. 그녀는 그 경험도 『당신 직장생활은 끝났어(Ta carrière est fi-nie)』라는 두 번째 책에서 들려준다. 그녀가 비록 공무원들의 양심 개조에 실패했더라도 작가로서 승승장구하기를 바랄 뿐이다.

정신적 과잉 활동인들은 곧잘 직장 내 태만, 무능, 부패에 분개한다. 그런데 대개 보통 사람들은 직장에서 살아남고 혹시 일이 잘못되더라도 그전에 무사히 탈출하려면 적당히 입을 다물어야 한다고 생각한다. 더 끔찍한 사태는 위험을 경고했다는 이유로 밀고자 취급을 당하는 것이다.

우리 상담실 내방객 중에도 그런 안타까운 일을 당한 사례가 있다. 그녀는 부정행위를 고발하러 총무부에 갔다. "안녕하세요, 사내 부정 행위를 신고하러 왔는데요." 담당 여직원은 짜증난다는 듯이 대구했다. "저기요, 사실 고발은 안 받아요!" 그 여직원은 어떤 절차를 밟아야 하는지도 끝내 설명해 주지 않고 그녀를 돌려보냈다.


클레르는 극심한 스트레스와 좌절감을 겪고 있었다. 최근에는 퇴근하면서 눈물을 주체 못하고 울어 버린 적도 있다고 했다. 그녀는 총무부에서 인사 책임을 맡고 있는데 얼마 전부터 사내에 자기만 모르는 일이 많아진다는 느낌이 들었다. 배신감도 들었고, 자기만 따돌림당하는 것 같기도 했다. 그녀는 나와 상담을 진행하는 중에 비로소 자초지종을 깨달았다.

그녀는 어떤 사원을 특정 직위에 임용하라는 은근한 압박을 받고 있었다. 그 사원은 무능할 뿐만 아니라 자칫 조직에 해를 끼칠 수도 있는 사람이었으나 확실한 뒷배가 있었다. 클레르는 이 암묵적인 압박을 이해하지 못했기 때문에 그 사원에게 우호적이지 않은 인사보고서를 올렸다. 클레르의 상사는 간신히 분노를 억누르고 보고서를 다시 쓰라고 했다. 클레르는 상세한 자료를 보충했으나 기본 골자는 다르지 않은 보고서를 제출했다. 그녀는 상사의 지시를 왜 그 사원을 적임자가 아니라고 생각하는지 근거를 제시하라는 뜻으로 이해했던 것이다.

클레르는 상사가 그 사원을 칭찬하는 거짓 보고서를 원한다고는 꿈에도 생각하지 못했다. 그녀는 끝내 굴하지 않았지만, 적어도 상담을 통해 뭐가 숨은 문제였는지는 알게 됐다. 그것만으로도 잠자리가 조금 편해질 것이다. 그녀는 늘 사실에 근거해서 사심 없이 인사보고서를 작성했다. 그런데도 인사보고서를 좋게 쓰면 "잘 봐줬다."라는 말이 나왔고, 인사보고서를 나쁘게 쓰면 "미운 털이 박혀서 그래."라는 말이 나왔다. 인사 업무란 원래 그런 거라는 식이었다.

나는 클레르에게 직장 상사나 동료의 지인을 채용한 적이 없는지 물어보았다. 그녀는 깜짝 놀라면서 이렇게 대답했다. "음, 그 사람들도 다른 사람들과 똑같은 절차를 거쳐 채용됐는데요? 누구 지인이라고 해서 봐주고 그런 건 전혀 없어요." 청렴하고 순진한 클레르에게 앙심을 품은 사람들이 사내에 꽤 있겠구나, 라는 생각이 들었다.

# 도저히 이해 못할
## '사내정치'

정신적 과잉 활동인의 상당수는 직장생활을 무척 힘들어한다. 은밀한 뒷거래를 이해 못하는 것은 별개로 치더라도, 이들은 자존감이 낮기 때문에 애초에 목표를 너무 낮게 잡는다. 그래서 자기 능력과 전혀 맞지도 않는 일을 하고 있을 때가 많다. 그 때문에 직장생활에 보람을 못 느끼고 죽도록 따분해한다. 말 같지도 않은 소리를 하는 상사, 현재에 만족해하는 동료들을 매일매일 보면서 그저 망연자실할 뿐이다.

### 능력은 있지만 눈치가 없어

프랑신은 실력 있는 엔지니어지만 늘 승진을 거부했다. 그녀는 딱 부러지게 말했다. "저는 기술 실무자예요. 관리자는 안 맞아요. 사내정치 같은 건 어림도 없고요." 그녀는 일을 그만둘 때가 얼마 남지 않았다. 자신보다 젊은 상사를 한두 번 만난 게 아니다. 그녀는 그들보다 나이도 많고, 경험도 많고, 능력도 뛰어났다. 하지만 이제 프랑신은 지쳤다. 상사가 바뀔 때마다 새로운 상사는 주도권을 잡겠답시고 기존의 서비스를 폐지하고 같잖은 새 서비스를 개시하려 했고, 그때마다 아랫사람들은 개고생을 했다. 그러다가 문제가 생기면 젊은 상사들은 하나같이 프랑신에게 떠넘기려 했다.

다행히 프랑신은 자기를 지킬 줄 아는 사람이어서 상사들의 실수를 뒤집어쓰는 일은 없었다. 하지만 나는 한편으로 회사 사람들도 혼란스럽겠다는 생각이 들었다. 프랑신은 그 회사에서 위계질서를 흐트러뜨리는 존재인 것이다. 그녀는 흐르는 강물 한가운데 우뚝 솟은 바위다. 이 바위는 위계질서 안에 있을 수 없지만 치워 버릴 수도 없어서, 앞으로 나아가려는 사람은 그 바위를 뛰어넘어야만 하는 것이다.

니콜도 직장생활을 힘들게 하고 있었다. 그녀는 컴퓨터 프로그램 설계 일을 하는데 업무 능력이 아주 뛰어났다. 업무 자체는 전혀 힘들지 않다고, 그냥 슬슬 노는 기분이라고 했다. 문제는 다른 곳에 있었다. 그녀는 회사에서 직원들의 불편을 덜어 주는 프로세서, 소프트웨어, 전자계산표 프로그램 등을 개발했는데, 사람들은 컴퓨터를 다루다가 조그만 문제만 생겨도 바로 니콜을 불러서 짜증을 내곤 했다. 사실 그녀가 미리 전달한 사용 지침이나 설명을 찬찬히 읽어 보기만 했다면 알아서 해결할 수 있는 경우가 태반이었다.

그녀와 같은 업무를 하는 동료들은 니콜을 시기하고 수시로 트집을 잡았다. 긴급 상황에서 동료들이 문제를 해결 못하고 무능하게 구는 바람에, 아니 그보다는 잘난 네가 다 하라는 식의 방관 때문에 니콜은 허구한 날 일에 치여 살았다.

은근한 지배와 권력 다툼을 여러분도 느끼고는 있지만 이해하지는 못한다. 직장생활이 힘들고 분명 괴롭힘을 당하고 있는 것도 맞는데,

이게 어찌 된 일인지는 모르겠다. 이제 웃음거리가 되지 말고 적당히 물러나자. 뭔가 잘못됐다는 생각이 들면 대장 노릇 하기 좋아하는 침팬지를 찾아라!

## 둥글어지지 않는 모난 돌

정신적 과잉 활동인 중에서 일부는 보통 사람들 이상으로 직장에서의 숨은 뒷거래를 민감하게 알아차리지만, 그런 움직임과 지나치게 거리를 두려 한다. 아르튀르는 내게 이렇게 썼다.

"교육대학원에 입학 면접을 보고 돌아왔습니다. 아주 흥미로운 경험이었어요. 위원회 사람들이 짐짓 심각한 얼굴로 혁신적인 교사들과 함께 학교 교육을 재건할 거라고 떠드는데, 선발 방식은 구태의연하기 짝이 없더군요. 정말로 변화를 원한다면 일단 그 위원회를 갈아치워야 할 것 같다는 생각이 들었습니다. 곧 면접 결과가 나올 겁니다. 나 같은 사람을 교사로 만들어 보겠다고 한다면 그거야말로 세상이 변하고 있다는 증거겠지요. 내가 떨어진다면 그놈의 개혁은 아직도 말장난인 거고, 나는 후회 없이 새로운 10년을 준비하면 돼요.

지원 동기는 늘 그렇듯이 기존 직장에서 한계에 도달했기 때문이에요. 더는 못 참겠습니다. 1년이면 뭔가 쌓였다 폭발하기에 충분한 시간일 거예요. 솔직히 나는 선생들과 함께 일할 능력이 없고 그들과 말을 섞기도 싫습니다. 그런데 그런 업무도 비중이 크단 말이에요. 학생들에게 평판이 좋아도 동료들과 소통이 부족하다는 비난을 받는 거죠.

예전에, 사소한 행정적 문제를 들춰 가면서 내가 사회적 동물이라는 사실을 일깨워 준 인간이 있었죠. 안타깝게도 난 그때 이성을 잃고 폭발해 버렸지요. 곰곰이 생각해 본 뒤 그 일이 내게 적합하지 않다는 결론을 내렸습니다. 불행히도 상황이 나아질 것 같지 않았고, 그나마 '점잖은 사람들' 틈에서 일해도 오히려 내가 그들에게는 '까다로운 괴짜'일 거라는 생각이 들었거든요.

나도 그들과 섞이려고 노력하긴 했지만(솔직히 오랫동안 노력하진 않았어요!) 모난 돌이 제 모서리를 깎아 내지 않는 한, 심신의 고통을 겪지 않는 한, 둥글둥글해질 리가 없죠. 어쨌든 어느 정도 시간이 지나면 사람들의 어리석은 짓거리를 참아 내기가 힘들고, 결국 문제가 터지고 말아요."

제롬은 이런 일을 겪었다. "직장에서 상사가 저를 두려운 존재로 여긴 적이 있습니다. 지금도 그렇긴 한데, 예전만큼은 아니에요. 저는 상사가 자신감을 잃지 않도록 가급적 제 약점을 부각해야겠다고 생각했지요! 그런데 선생님 책에 그런 얘기는 안 나오네요. (혹시 뒤에 나오나요? 아니면, 제가 놓치고 넘어간 부분이 있을까요?) 그러니까 대충 이런 얘깁니다. '네, 저는 빠릅니다. 하지만 금세 숨이 차서 헐떡대지요. 네, 저는 네다섯 가지 일을 한꺼번에 처리할 수 있습니다. 하지만 기복이 심해요. 네, 저는 각각의 일에 동시에 관심을 둡니다. 하지만 그것들도 결국은 연결된다고 봐요.'

왜냐하면 제 업무 처리 방식이 상사를 불안하게 만든다는 것을 알았거든요. 상사는 기복이 거의 없고 끈기 있게 일하는 타입입니다(적어도 지금 상사는 그렇습니다). 자기가 정말로 저보다 낫다고 생각하는 분야에 한해서는 우월감도 느끼는 것 같아요. 저는 표현이 아주 서툴러요. 저는 그냥 상대가 너무 압박감을 느끼지 않도록, 약간 숨통이 트일 수 있도록 제 한계를 더 도드라지게 하고 싶었습니다. 규칙적으로 하는 일에는 약하고, 불안정하고, 뭐 그런 한계 말이에요. 그건 거짓이 아니라 상대를 '편하게 해 주는' 전략 아닐까요? 어쨌든, 저는 그게 옳은 일인가 고민했습니다."

어느 곳이나 마찬가지지만 일의 세계에도 아주 옛날부터 모리배와 착취자는 항상 있었다. 노예제에서 일부 국가들의 아동 노동, 허리한번 펼 수 없는 열악한 공장 노동에 이르기까지 남의 수고로 제 배를 불리는 자들은 언제나 존재한다. 소위 문명국가에서는 착취가 한층 더 교묘하고 위선적인 형태를 취한다. 가령, 반일제 근무는 사회적 진보처럼 얘기되곤 하지만, 모두가 알다시피 반일제 근무로는 생계가 해결되지 않는다.

인간이 무슨 기계라도 되는 양 바라보는 품질 접근법도 마찬가지 맥락에 있다. 도미니크 뒤파뉴는 여기에 속아 넘어가서는 안 된다고, 품질 접근법의 목적은 직원들을 통제하고 지배하는 것일 뿐이라고 말한다. 그의 주장을 여기에 인용한다.

"품질 접근법이란 결국 품질을 전적으로 좌우하는 공정 혹은 표준을 준수하라는 뜻이다. 이러한 공정과 표준은 제대로 된 생산방식을 규정하고 가능한 다른 선택지들을 제거해 버린다. 그러한 방식이 노동자에게 강요되고, 노동자는 그저 복종하는 입장에 놓인다. 일하는 사람의 능력은 오로지 채용 상황에서만 중요하고 그다음부터는 알 바 아니다. 이제 일하는 사람은 그저 정해진 공정을 철두철미하게 따라가기만 하면 되기 때문이다.

게다가 이제 품질이 공정에만 좌우되고 행위 주체의 능력이나 자질과는 무관하기 때문에 노동자는 늘 대체 가능하다. 일하는 사람이 컴퓨터, 책상, 회의실 같은 설비나 비품 수준으로 전락한 것이다."

### 꿈의 직장이 답?

일부 기업은 직원들의 괴로움을 덜고 생산성을 높이기 위해서 열심히 대안을 구하고 있다. 사람 냄새 나는 회사가 아예 없는 것은 아니다. 나 역시 꿈의 직장이라고 할 만한 몇 곳을 방문해 보았다. 그러한 기업의 특징을 널리 퍼뜨리기만 해도 엄청난 성과가 있을 것이다.

게다가 이상적 근무환경을 갖춘 기업은 침팬지들이 설치며 힘자랑하는 기업에 비해 생산성도 높다. 근무환경을 개선하려면 일단 외적이고 사실적 요소에만 근거한 품질 접근법을 포기해야 한다. 인간적인 면이 기업의 중심에 와야 한다는 얘기다. 가장 생산성이 높은 기업은 경청, 관계, 자율, 창의성을 중시하는 곳이다. 이러한 기업은 팀의 능력을 알아보고 성과를 제대로 평가할 줄 안다.

회사 일이라는 것도 집단지성, 복합적 사유의 문제다. 긍정적인 협업과 인간관계는 회사 사람들을 가족처럼 가깝게 느끼고 연대하게 한다. 같이 일하는 사람들을 믿을 때 우리는 강해진다. 나에 대한 그들의 기대는 의욕과 책임감을 고취시킨다. 결국 각 사람 모두가 모두의 일에 영향력을 행사하는 셈이다. 그러한 기업 안에서는 위계보다 상호 존중이 중요하고, 여유와 유머가 있다.

스트레스를 받으면서 하는 일보다는 유쾌하게 하는 일이 효율적이다. 물론, 적절한 지원이 뒷받침된다면 더없이 이상적이다. 업무가 요구하는 수준의 인력과 자금, 안전, 쉽게 접근할 수 있는 정보 시스템, 여기에 직장 어린이집이나 복리후생제도까지 갖추어져 있다면 그야말로 꿈의 직장이다. 이렇게 가치를 중심으로 하는 기업에는 어쩌다 심리 조종자 같은 유해한 인물이 들어와도 집단의 결속력에 부딪혀 나가떨어지고 만다.

결국, 이상적 기업이 직장 문제의 답일까? 너무 빨리 환호하지는 말자. 비관적으로 하는 말이 아니라, 직원들을 대하는 기업의 태도에 답이 있다는 발상은 에밀 졸라가 1883년에 발표한 소설 『여인들의 행복백화점』에도 이미 나타나 있었다. 그러니까 이 발상은 우리가 재발견하고 뭔가 대단히 새로운 것처럼 소개해서 그렇지, 실제로는 처음 등장한 이후로 그리 발전하지 못했다.

나는 모범적 기업이 전체 기업의 13퍼센트 정도를 차지하고 관습 이후의 도덕성 단계에 도달한 개인이 이러한 기업을 이끈다고 본다. 여러분이 이렇게 인간적인 일터를 얻는 행운을 누리지 못했다면, 여러분이 나서서 이러한 직장 분위기를 조성할 수 없다면, 프리랜서가 되는 방향을 생각해 보는 것도 좋다.

독자적으로 일하면 여러분의 리듬대로 일할 수 있기 때문에 갑갑한 기분을 느끼지 않아도 되고 남들에게 보조를 맞출 걱정도 없다. 일의 노예를 자초할 위험도 없지 않지만, 여러분이 일생의 사명으로 생각하는 일이라면 시간이 어떻게 가는지도 모를 것이다. 자유직으로 전환하는 데 유일한 방해물이 있다면 그건 여러분의 금전관이다.


## 공짜 노력은 그만!

∅ 정신적 과잉 활동인은 대부분 금전 관련 문제가 있다. 임상적으로 골백번 확인했다. 일단 경제관념이 희박하다. 세상을 살아가려면 꼭 필요한 관념인데도 일부러 멀리하고 관심을 두지 않는 것처럼 보이기도 한다. 돈이요? 뭐, 그런 얘기를! 여러분은 아마 돈 없이 살아가는 사회가 이상적이라고 생각할 것이다. 모두가 서로에게 필요한 것을 내어 주고, 뭐든지 공짜고, 아무도 부당한 이득을 취하지 않으면 된다고 말이다.

최근에 페이스북에서 이런 글을 읽었다. "돈은 아무것도 편리하게 해 주지 않았다. 돈이 등장함으로써 인간은 거저 얻던 것을 돈 내고 사게 되었고, 공유는 어려워졌다. 사람들은 뿔뿔이 갈라졌고 더러는 미쳐 버렸으며 모든 것이 유해해졌다. 돈은 절대로 교환 수단이 아니다. 돈은 사람을 완전히 바보 만드는 압박 수단이다." 나는 이 글이 돈에 대한 여러분의 생각을 잘 요약하고 있다고 생각한다.

그렇지만 여러분의 생각은 제한적이고 부분적으로 잘못되었다. 그런 생각을 가지고 있기 때문에 걸핏하면 사기꾼과 모리배에게 놀아나고, 경제적으로 불안정하고 쪼들리는 생활을 하는 것이다. 잠수하는 쥐 실험에서도 문제는 먹이 그 자체가 아니라 착취자 쥐들이 피착취자 쥐들에게 먹이를 강탈하는 방식이었다. 돈에 대해서도 마찬가지 얘기를 할 수 있다. 문제는 돈이 아니라 인간의 탐욕이다. 돈은 부패할 만한 인간들만 부패시킨다. 그런 인간들이 많긴 하지만 말이다. 여러분은 싸워야 할 상대를 잘못 잡았다. 돈은 여러분이 화해해야 할 상대, 일종의 중립적인 에너지다. 체르노빌 참사나 날벼락만 떠올리면서 전기에 대해 판단한다면 그 판단은 매우 부정적일 것이다. 그러나 전기주전자로 끓인 따뜻한 차, 눈 깜짝할 사이에 보낼 수 있는 이메일을 떠올린다면 전기는 매우 이로운 에너지로 여겨질 것이다. 돈은 노동력에 대한 정당한 대가이자 안전과 안락과 여가의 수단일 수 있다.

나는 20년간 상담을 하면서, 열심히 일하는데도 인위적 빈곤 상태에서 벗어나지 못하는 사람들을 족히 수백 명은 보았다. 고용주에게 못 받은 돈, 친구나 뻔뻔한 애인에게 떼인 돈, 그런 식으로 써 보지도 못하고 날린 돈이 어찌나 큰 금액인지 경악한 적도 한두 번이 아니다. 돈 문제에서 여러분은 착취당하는 쥐처럼 행동한다. 필사적으로 구해 온 먹이를 통째로 빼앗기고 부스러기만 겨우 주워 먹는 것이다. 게다가 여러분이 노동의 대가를 청구할 생각을 하지 않으니 모리배들은 두 발 뻗고 여러분을 실컷 굴린다.

쥘리앵은 직장인이지만 여가시간을 활용하여 아마추어 극단을 만들었다. 자기가 단장도 하고, 연출도 하고, 연극에 대한 강의도 했다. 연극을 아주 좋아하기 때문에 아마추어 극단 일이 정말 재미있다고 했다. 현재 그 극단은 7년이나 됐고 고정 단원만 열 명이 넘는다. 쥘리앵은 그동안 좋은 작품을 여러 편 무대에 올렸다. 공연은 점차 입소문도 나고 평판도 좋았다.

하지만 최근에 그는 일부 단원들의 태도에 상처를 받았다. 그들은 열심히 하지도 않았고 쥘리앵에게 고마워하지도 않았다. 그중 한 명은 극단에서 나가면서 이제 재미가 없다고, 쥘리앵이 변했다고 비난조의 말을 던졌다. 쥘리앵은 정말로 상처를 받았다. 7년간 대가를 받기는커녕 사비를 털어 가며 열심히 일했으니까. 나는 그에게 연극을 배운 단원들이 왜 그렇게 배은망덕하게 나왔는지 슬슬 이해가 갔다. 7년간 한 푼도 낸 적 없으니 공짜로 얻어 가는 데 익숙해졌던 것이다.

쥘리앵에게 물었다. "공짜라는 건 가격이 없다는 뜻이죠. 가격이 없으면 가치도 없고요. 다른 아마추어 극단들은 어떻게 운영을 하나요?" 쥘리앵은 한숨을 쉬었다. "단원들에게 회비를 걷지요. 꽤 많이 받는 곳도 있어요." 나는 계산기를 꺼내어 재빨리 두들겨 보았다. 연극 강좌를 듣는 데 보통 1년에 5백 유로에서 1천 유로가 든다고 한다. 따라서 쥘리앵이 7년간 수강료나 회비를 받았다면 적게는 4만 2천 유로, 많게는 8만 4천 유로를 벌었을 것이다.

그는 수준 높은 서비스를 제공했지만, 단원들은 자기들 돈이 들지 않는다는 이유로 그 가치를 제대로 인정하지 않았다. 쥘리앵은 단원들이 무료로 수준 높은 강의를 듣는다는 사실을 어떻게 받아들일까 생각해 본 적조차 없었다. 어쩌면 단원들은 대가 없이 연기를 하면서 착취당한다고 착각했을지도 모른다!

쥘리앵은 그저 즐겁게 극단을 꾸려 나가기를, 모두가 만족하기를 바랐다. 그런데 현실은 그렇게 굴러가지 않는다. 막판에는 항상 좌절과 환멸을 겪는 것이다.

### '밥벌이'의 가치

뤼시는 내게 형편이 어렵다고 고백했다. 금전 사정이 좋지 않아 상담도 한 달에 한 번밖에 받을 수 없다며 안타까워했다. 상담을 진행하던 중에 뤼시가 연초부터 이웃집 소녀에게 일주일에 두 번 무료로 독일어 과외를 해 주고 있다는 말을 했다. 나는 본인도 형편이 넉넉지 않은데 왜 과외비를 받지 않는지 물었다. 뤼시는 돈 달라는 말을 어떻게 하느냐고, 별것 아니라고, "괜찮아요…"라고 말했다.

그래서 만약 누군가가 공짜로 컴퓨터 사용법을 가르쳐 주거나 피아노 레슨을 해 준다면 어떨 것 같으냐고 다시 물었다. 뤼시는 그건 좀 그렇다고, 너무 부담스러울 것 같다고 대답했다. 그런데도 입장을 바꿔 자기 쪽에서 독일어 과외비를 달라는 말은 할 수 없었던 것이다.

게다가 돈을 받지 않고 공부를 가르쳐 주는 상대가 이웃집 소녀 하나만이 아니었다. 뤼시는 이런 식으로 매달 최소 120유로, 아마도 그보다 훨씬 많은 금액을 없는 셈 치면서 근근이 살아가고 있었다.

브리지트도 늘 돈에 쪼들렸다. 그러면서도 내게는 아무렇지도 않다는 듯 어린아이처럼 말했다. "푼돈을 찾아봐야죠." 나는 그 말을 바로 정정했다. "첫째, '푼돈'은 저금통에나 넣는 거예요. 둘째, 돈은 '찾는' 게 아니라 '버는' 겁니다. 브리지트도 어엿한 성인이니까 자기 밥벌이를 할 수 있어야 해요." 그래도 브리지트는 꿈꾸는 소리만 했다. "저는 '밥벌이'라는 말이 바보 같아서 싫어요! 다른 말을 썼으면 좋겠어요."

글쎄, 마흔 살이 넘도록 '밥벌이를 못하는' 게 더 바보 같지 않을까. 더구나 책임지고 키워야 할 아이들까지 있는 마당에. 여러분은 돈 문제에서 곧잘 이렇게 치기 어린 태도를 취한다. 불장난을 하면서도 큰불이 나면 요행으로 빠져나올 수 있으리라 생각한다.

엘리자베스 퀴블러 로스 박사는 죽음을 앞둔 사람들과 함께하는 삶을 살았다. 그녀는 죽어 가는 사람이 "나한테 1만 달러만 더 있었으면 인생이 바뀌었을 텐데!"라고 한탄하는 일은 없다고 말한다. 그렇다고 해도, 우리가 살아가는 이 사회에서 돈을 아예 외면할 수는 없다. 기본적인 욕구를 스스로 충족해야 할 의무까지 부정할 수 있는가?

어엿한 성인이 경제적으로 자립하지 못했다면 다른 누군가가 그 사람을 먹여 살리고 있다고 봐야 한다. 이게 과연 옳은 일일까? 가난하게 사는 것이 겸손이라고 생각한다면 모두를 아래로 끌어내리는 셈이다. 사람은 누구나 안전한 환경에서 편안하게 살 권리가 있다. 가난은 자랑이 아니다. 열심히 돈 버는 사람들을 색안경 끼고 볼 이유는 없다. 여러분에게도 돈을 벌 권리, 나아가 그래야 할 의무가 있다. 이 표현이 다소 마음에 들지 않을지 몰라도 그게 사실이다. 적당한 표현은 여러분이 찾기 나름이다.

## 준 만큼 받아라

돈은 에너지이고 그 이상은 아니다. 여러분의 삶에서 돈이 어떻게 도느냐는 그 삶에 에너지가 어떻게 도느냐를 보여 준다. 에너지가 어디에서 와서 어디로 가는가? 어느 지점에서 넘치고, 어느 지점에 모자라는가? 여러분은 어떤 식으로 에너지를 집중 투자하거나 낭비하고 있는가?

여러분은 정의감, 아니 좀 더 정확하게 말하자면 불의를 알아차리는 감각이 발달했다. 그렇지만 그 감각에서 도출되는 가치를 정말로 실생활에 적용하고 있는가? 바로 평등 교환이라는 가치 말이다. 여러분은 따지지 않고 내어 주고 또 내어 주면서 받을 줄은 모른다.

여기서 우리는 샤머니즘의 지혜를 다시 한 번 만난다. 파트릭 다케는 『샤먼 할아버지가 지구의 아이들과 손자들에게 전한 말』에서 평등 교환이 지향하는 바를 아주 명쾌하게 설명한다. 인간들은 죄의식을 조장하는 상호 의존 상태에 머물러 있다. 권력 다툼은 인간들을 그 상태에 고착시키려 한다. 그래서 자유롭고 지혜로운 인간들은 통제되지 않는다. 파트릭 다케의 말을 그대로 옮겨 보겠다.

"평등한 교환은 교환의 주체들이 자기 지배권을 완전히 되찾았을 때에만 가능하다. 따라서 어떤 체제든 위계질서를 바탕으로 하는 체제는 이러한 평등 원칙을 장려해서 득 볼 일이 없다. 평등한 교환은 전제주의의 씨앗을 품고 있는 모든 체제에 대해 전복적이다."

게다가 정말로 평등한 교환에 필요한 전제 조건은 대단한 힘과 통찰력이 아니면 감히 파악할 수 없다. 그래서 파트릭 다케는 우리에게 단단히 주의를 준다.

"이 지혜는 영성을 갈고닦는 자에게 위태로운 치료를 요구한다. 안도감이나 전이(transfert)를 피하기 어렵다. 평등 교환의 조건은 비(非)위계 원칙과 밀접하게 이어져 있는 데다 일상에서의 끈질긴 실천을 요구한다. 그리고 평등한 교환은 그에 상응하는 경제적 결과를 낳는다. 이때부터 우리는 노동에 상응하는 가치 이상의 돈을 취하려야 취할수 없지만, 우리의 노동 가치를 제대로 인정받지 못하는 것도 참을 수 없다. 이러한 요구에 따라 우리의 일상적인 행동방식은 바뀔 수밖에 없는 것이다."

마지막으로, 파트릭 다케는 평등 교환이 우리가 세계와 맺는 관계 자체를 변화시킨다고 말한다. "'평등한 교환'이라는 규칙을 적용할 때 애인이나 배우자와의 관계, 자녀와의 관계, 이웃과의 교제, 동물 형제들과의 관계, 식물이나 광물과의 관계까지 전격적으로 변한다." 그래서 저자는 다음과 같은 희망의 메시지로 마무리한다. "언젠가 그날이 오리라 믿어 의심치 않는다. 인간들이 이러한 교환 개념을 익히고 이 위대한 지혜를 되찾을 그날이. 따라서 샤머니즘의 재조명은 한때 유행이 아니라 벅찬 희망이다. 부족 간의 조화와 균형을 꾀할 줄 알았던 그 옛날의 위대한 지혜를 다시 찾는다는 희망 말이다."

샤머니즘이 강조하는 평등 교환뿐만 아니라 인간관계 개선 치료법 (교류분석)의 5대 원칙도 기억해 두자. 여러분의 삶에 충만한 에너지가 자유롭게 흐르기를 원한다면 기억할 만한 원칙이다.

첫째, 당연히 베풀 줄 알아야 한다. 둘째, 하지만 받을 줄도 알아야 한다. 셋째, 요구할 줄 알아야 한다. 넷째, 거절할 줄 알아야 하고 거절을 받아들일 줄도 알아야 한다. 다섯째, 자기 자신에게 베풀 수 있어야 한다. 이 5대 원칙은 애정, 시간, 노동, 칭찬 등 모든 종류의 에너지에서 유효하다. 이제 여러분은 실천만 하면 된다.

여러분이 늘 주기만 하고 좀체 받지는 않았다는 사실이 실감 나는

가? 돈도 평등한 교환의 수단이 될 수 있다. 몇 가지 요점을 머릿속에 간직해 두기 바란다.

의무에서 풀려나야만 자유로울 수 있다. 내가 받은 것 이상으로 줘 버리면 상대의 자주성을 침해한다. 언제나 너무 주려고만 하는 당신은 상대를 채무자로 만드는 셈이다.

모든 수고는 그에 합당한 보수를 받아야 한다. 모두가 돈 받고 하는 일을 당신이 공짜로 해 준다면 시장은 '마비'되고, 정당한 보수를 받는 사람들이 당신 때문에 곤란해진다. 그들은 생계를 위해서 하는 일인데 그들이 받는 보수가 정당하지 않는 것처럼 사람들 눈에 비칠 수도 있기 때문이다. 마찬가지로, 당신이 한 사람 월급을 받으면서 세 사람 몫을 감당한다면 회사 내 인력 수급을 혼란스럽게 만들고 있다고 봐야 한다. 가격은 상대가 낼 수 있는 금액이 아니라 당신이 제공한 서비스를 기준으로 매기는 것이다.

충분한 경제력이 있어야 안전, 자율성, 자유를 확보할 수 있다. 자기가 버는 돈은 자기 자신에 대한 평가의 여러 척도 중 하나다. 자기가 좋아하는 일을 하면서 돈을 버는 게 뭐가 잘못인가? 그리고 좋은 뜻을 실현하기 위해 돈을 쓸 수도 있다. 돈을 신처럼 떠받들어서는 안 되지만 적어도 귀중한 에너지로서 존중은 해야 한다.

# 9장

## 자꾸만 어긋나는 인간관계

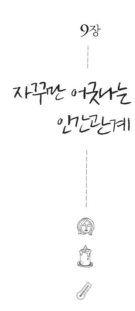

생각이 너무 많은 여러분은 종종 인간관계가 어렵고 실망스럽다고 고백한다. 어떻게든 적응하려고 애를 쓰지만 그러한 관계 속에서 충격받고 상처받고 배신감을 느낄 때가 많다고 말한다.

그와 동시에 여러분은 곧잘 혼자 따로 노는 기분이 들고, 이해 안 되는 상황에 자주 부딪히고, 어떻게 해야 할지 몰라 늘 조심스럽기만 하다. 인간관계의 암묵적인 규칙을 모르니 인간관계가 편할 리가 없다.

이 단계까지 잘 따라온 독자라면 슬슬 현실에 눈을 떴으리라 생각한다. 이제 여러분은 충분히 기반을 닦았으므로 이 오해의 성격을 파악할 수 있다. 이로써 남들과의 관계가 한결 수월해질 것이다. 이 장에서 내가 다루는 개념들이 사람과 사람 사이에 작용하는 기제를 이해하는 데 많은 도움이 될 것이다.


# 소통할 때 저지르는
# 실수

일단 여러분이 남들과 소통한다고 하면서 저지르는 주요한 실수를
정리하고 넘어가겠다.


첫째 실수는 개인적인 가치관이나 신념을 차별 없이, 예외도 두지
않고 적용하는 것이다. 가령 이런 식이다.

'관계가 중요하지 서열이 뭐가 중요하담.'

'세상에 처음부터 못되게 구는 사람은 없어. 함께 일하지 못할 사람
같은 것도 없어.'

'다들 배울 만큼 배웠어. 다들 인간적이고 남의 말을 들을 줄 알아.
다들 똑똑하다고.'

세상에는 유치한 인간도 있다는 생각을 여러분은 잘 못한다. 어떤
사람은 못돼 먹고 꽉 막혔다는 생각이 좀체 떠오르지도 않는다. 사람
을 함부로 판단하지 않으려는 성향은 좋다고 쳐도, 아예 판단을 거부
하는 성향은 틀림없이 문제가 된다. 어쩌다 권력 다툼이 벌어져도, 상
대가 발전이 없는 사람인데도, 여러분은 그런 사정을 고려하지 않는다.

역설적이게도 여러분은 자기가 좀 남다르다는 것을 뼈저리게 느끼면서도 이렇게 말한다. "저는 남들도 다 저 같은 줄 알았어요." 하지만 이제 여러분은 상대의 언행을 해석할 도구를 쥐고 있다. 유쾌한 선의의 경쟁자도 더러 있지만, 어떤 이들은 승부욕이 심하게 공격적이고 집요하다. 협상이 가능한 사람이 있는가 하면, 비열한 야합밖에 모르는 사람도 있다. 공동의 적이 있을 때에만 손잡을 생각을 하는 사람과는 건설적 협업이 불가능하다는 것을 명심하라. 지배하고 착취하는 자의 인간관계에 깔려 있는 스트레스와 두려움을 절대로 간과하지 말라.

여러분의 두 번째 실수는 충분히 애쓰고 있으면서 늘 더 노력해야 한다고 생각하는 것이다.

뮈리엘은 몽상가다. 그녀는 나와의 첫 상담을 하루 앞두고 승려 마티외 리카르 강연에 참석했다. 그날 강연 주제는 이타주의였다. 강연 초반에는 그녀도 휴머니즘, 이타주의, 호의라는 아름다운 가치를 온 마음으로 지지했다. 마티외 리카르의 말을 듣고 있노라니, 자기 몸이 기분 좋게 둥실 떠오르는 것 같았다고 했다.

하지만 자기 기대에 부응하지 못하는 삶을 살고 있다는 생각에 차츰 기분이 가라앉았다. 실천이 부족했다는 죄책감마저 들었다. 그러다 문득 이미 이타적인 삶을 살아가는 사람들을 모아 놓고 무슨 소리를 하는 건가 싶었다. 이타주의에 대한 강연이 이기주의자를 이타주의자로 변모시킬 가능성은 희박하다. 무엇보다, 이기주의자는 애초에 이런 강연을 들으러 오지도 않을 테니.

뮈리엘은 갑자기 반감이 들었다고 고백했다. '여기 참석한 사람들은 이 강연을 들을 필요가 없어. 우리는 이미 노력하고 있다고. 우리는 이미 물러 터졌으면서 더욱더 유해져야 한다고 믿는 바보들 같아.'

뮈리엘의 생각에 동감한다. 여러분은 오히려 이제 적당히 하는 법을 배워야 한다. 두고 보라, 그쪽이 훨씬 더 도움이 될 것이다.

여러분의 세 번째 실수는 『나는 생각이 너무 많아』에서 언급한 카산드라 신드롬이 자신의 삶을 갉아먹게 하는 것이다.

이제 여러분은 무엇이 문제인지 안다. 여러분 자신의 사회적 소외와 싸우는 동시에 남들의 문화적 소외와 싸워야 한다. 그런데 여러분은 지나치리만치 늘 옳은 편에만 서려 한다. 게다가 한없이 진실하면서도 똑 부러지는 인간관계만을 추구한다. 카산드라에게 부족했던 것, 그건 바로 설득의 능력이었다. 그리고 설득의 능력이란 침묵할 줄 아는 능력이기도 하다. 궁극적으로는 맞는 말이라 해도 때 이르게 튀어나오면 그건 틀린 말이다.

올바른 결론에 도달하는 기쁨을 다른 사람들에게 넘겨주자. 그들이 사회적 소외 상태에 있다면 어쨌든 여러분과 동일하게 현실을 바라보지 못할 것이다. 자존감이 낮은 사람일수록 자기 말이 꼭 맞기를 바란다. 그런데 인간관계에서 중요한 게 뭔가? 옳은 말만 하는 사람이 되는 게 중요한가, 사람들과 행복하게 잘 지내는 게 중요한가?

마지막으로, 여러분의 인간관계에서 문제는 자아 결핍이다. 지나치게 나보다 우리를 생각하고, 지나치게 이타적이다 보니 정말로 끈끈한 관계는 별로 없다. 개인적 공간이 없고 사적인 은밀함이 없으면 그건 나눔이 아니라 융합이다. 개인으로 분화되지 못한 덩어리 상태라고 할까. 공유할 만한 둘만의 이야기가 없으면 내밀함도 생길 수 없다.

　여러분은 정직이나 진실성에 집착하기 때문에 만난 지 얼마 되지도 않은 사람에게 속을 몽땅 꺼내 보여 줘야만 직성이 풀린다. 지나치게 남을 잘 믿어서 문제인지, 아니면 혼자만의 비밀의 정원을 만들지 못하고 속을 다 내놓고 다녀서 문제인지, 한번쯤 돌아볼 일이다. 투명성을 지나치게 추구하다 보면 모두에게 내 속을 훤히 보여 주게 된다.

　더 끔찍한 얘기를 해 볼까? 인간관계에서 이런 방식이 반복되면 어느 시점부터 벌거벗고 돌아다니는 수준이 아니라, 아예 거죽이 다 벗겨진 꼴이 되고 만다. 남들이 여러분의 내장까지 들여다보고 싶어 할까?

　자존감이 없으면 좋은 사람을 깊이 사귈 수 없다. 여러분은 유머 감각이 풍부한 편이지만, 인간관계에서는 대체로 경쾌함이 부족하다. 사람을 사귀면서 정신분석을 할 필요도 없고, 매번 심도 깊은 토론을 나눌 필요도 없다. 까놓고 말해서, 진정한 인간관계라는 게 도대체 뭔가? 자기 자신이 되는 것? 새로운 세상을 건설하는 것? 산책이나 등산을 함께하는 것? '붙임성'이 좋다는 게 뭔가? 어떻게 해야 사람들에게 다가가 만족스러운 관계를 맺을 수 있을까?

# "어디에도
내 자리가 없어요"

⊘ "제가 설 자리가 없는 것 같아요." 이것도 여러분이 자주 하는 말이다. 여러분은 거의 대부분의 상황에서 괴리감을 느낀다. 여러 이유가 있으나 일단 여러분의 복합적 사고가 보통 사람들의 단선적 사고에 비해 위치 파악이 쉽지 않아서 그럴 것이다. 자아 결핍과 형편없는 자존감도 여러분 자신을 객관적으로 평가하는 데 걸림돌로 작용한다. 게다가 전반적인 경쟁에 뛰어들기도 싫어하고 서열에 편입되려 하지도 않으니 늘 방관자로 머물 수밖에 없다.

인간관계는 미묘한 연결 짓기와 서열 정하기의 작용으로 이루어진다. 연결 짓기가 비교나 경쟁 없는 대등한 인간관계라면, 서열 정하기는 위계적 관계에서 볼 수 있는 것처럼 상하가 분명한 관계다. 얼핏 대등해 보이는 사람들끼리의 관계라도 그들이 서로를 비교하고 재기 시작하면 서열이 생기는 경우가 많다.

연대는 원칙적으로 서열 없이 연결되어 있는 사람들의 관계다. 반면 시합이나 대회는 서열 정하기다. 팀으로 겨루는 운동의 경우, 연결 짓기와 서열 정하기가 공존한다. 같은 팀 선수끼리의 협력이 팀의 순위를 좌우한다. 정당도 마찬가지다. 한 정당 안에서 당원들이 잘 뭉치지 못하고 개인 경쟁이 너무 치열하다면 선거에서 고배를 마시고 말 것이다.

연결 짓기와 서열 정하기가 빚어내는 균형에는 두 극단이 존재한다. 한쪽 끝에는 여러분 같은 접합자가 있다. 이들은 사람과 사람의 대등한 연결만을 중시한다. 한편, 반대쪽 끝에는 궁극적으로 서열밖에 보지 않는 심리 조종자가 있다. 그들은 모든 것을 알력 관계로 본다. 보통 사람들은 이 양극단 사이에서 연결 짓기와 서열 정하기가 균형을 이루는 자신들의 자리를 찾아내고 그 자리에서 다른 이들과 관계를 맺어 나간다.

이렇게 각 사람은 자기 자신에 대한 평가와 타자에 대한 평가를 바탕으로 자기 자리를 찾는다. 교류분석에서는 이 자리 찾기를 '삶의 태도'라고 부른다.


## 삶의 네 가지 태도

'삶의 태도'에는 다음의 네 가지가 있다.


### -나는 괜찮지 않다/너도 괜찮지 않다

나는 아무 짝에도 쓸모없는 인간이지만, 그 점은 남들도 마찬가지다. 이 같은 삶의 태도는 절망이나 증오, 자기와 자신을 망가뜨리고 싶은 욕구를 나타낸다. 스토아주의자들의 태도가 이와 비슷했다. "생은 음습한 감옥이다. 죽는 날까지 시간을 때우기 위해 감옥의 지푸라기를 엮어야 한다." 프랑스의 시인이자 소설가인 알프레드 드 비니(Alfred de Vigny)가 남긴 말이다. 노숙자, 알코올중독자, 약물중독자처

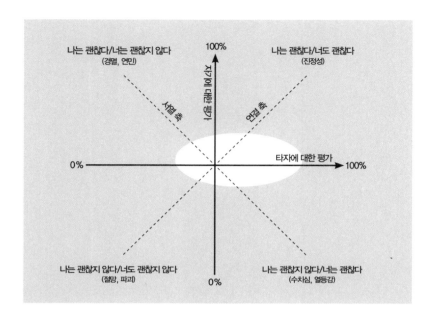

나는 괜찮다/너는 괜찮지 않다
(경멸, 연민)

나는 괜찮다/너도 괜찮다
(진정성)

100%

자기에 대한 평가

사업 축

연결 축

0%

타자에 대한 평가

100%

나는 괜찮지 않다/너도 괜찮지 않다
(절망, 파괴)

0%

나는 괜찮지 않다/너는 괜찮다
(수치심, 열등감)

럼 극단까지 내몰린 인생들이 여기에 해당한다.

이 사람들은 자존감이 바닥까지 떨어져 있기 때문에 도움의 손길을 거절하고 구원자를 좌절시키는 것만이 자신에게 마지막 남은 존엄성을 지키는 길인 양 착각한다. 자살하는 사람이 생을 바라보는 태도도 다르지 않다. 자존감이 깡그리 바닥났기 때문에, 주변 사람들의 사랑을 보지 않기 때문에 자기 자신에게 사형선고를 내리고 집행까지 밀고 나가는 것이다. 심리 조종자 역시 '나는 괜찮지 않다/너도 괜찮지 않다'는 쪽에 있다. 그는 살아 있는 모든 것을 미워한다. 여러분이 여지를 주면 그는 여러분을 반드시 망가뜨리고 말 것이다.

- 나는 괜찮지 않다/너는 괜찮다

나는 쓸모없는 인간이지만, 다른 사람들은 그래도 뭔가 쓸모가 있는 것 같다. 이러한 삶의 태도를 취하는 사람은 남들을 우러러보고 자기를 부끄러워한다. 열등감이 심하고 시기심이나 질투를 느끼기도 한다. 이런 사람들은 어떤 본보기를 의식함으로써 좋은 자극을 받고 향상심을 고양하는 것이 바람직하다.

그러나 본보기를 지나치게 이상화해서 스스로 열등감에 빠진다면 문제가 있다. 사람은 누구나 발전할 수 있다. 사람 자체가 아니라 그 사람의 노하우, 요령, 수완을 본보기로 삼아라. 그리고 본보기는 어디까지나 노력하면 도달할 수 있는 수준에 있어야 한다.


- 나는 괜찮다/너는 괜찮지 않다

나는 어쨌든 내 몫을 하는 사람인데, 다른 사람들은 어쩌면 저리도 쓸모가 없는지 모르겠다. 이 태도를 가진 사람은 남들을 멸시하든가 불쌍히 여긴다(공감 어린 연민과는 다르다). 자기가 남들보다 우월하다고 생각하기 때문에 거만하게 굴거나 건방진 태도를 취할 때가 많다. 하지만 자신의 힘과 균형 감각만으로 인생에 '치인' 사람들을 구할 수 있다고 생각하는 사람도 비록 허세는 없을지언정 자기가 그들보다 우월하다고 생각하는 셈이다.

─ 나는 괜찮다/너도 괜찮다

나는 가치 있는 사람이고, 다른 사람들도 그렇다. 이것이 진정성, 건설적 협력, 건전하고 평등한 교환의 바탕이 되는 태도이다. 당연히 이상적인 태도이지만 상당히 견실한 자존감을 요구하기 때문에 실제로 이를 감당할 수 있는 사람은 많지 않다. 인간관계는 꼭 적극적으로 행동해야만 맺어지는 것이 아니다. 누군가가 다가올 여지를 내어 줄 줄 알고, 타인의 이해나 도움을 받을 줄 아는 것도 중요하다. 남들이 내 필요를 채워 주면 그저 기뻐하고 고마워할 줄 알아야 한다.

자존감이 너무 낮은 사람은 받는 것을 불편해한다. 자신을 잘 알고 자기가 무엇을 할 수 있고 무엇을 원하는지 분명히 아는 사람이 아니고서는 이런 태도에 도달할 수 없다. 남들에게 폐가 될까 봐, 혹은 거절당할까 봐 절대로 부탁을 할 줄 모르는 사람은 건설적인 협업을 할 수 없다.


일반적으로는 삶의 태도가 우리가 살펴본 것처럼 딱 떨어지게 나타나지 않는다. 네 가지 극단 사이 어디쯤에 위치한다고 보면 된다. 가장 두드러진 태도와 그보다 조금 덜 두드러지는 태도가 함께 보이기도 한다.

가령 극심한 실패와 좌절을 겪었다면, 일시적으로 나도 괜찮지 않고 남들도 괜찮지 않다는 태도를 취할 것이다. 반대로 큰 성공을 맛본 후에는 잠시 행복에 들떠 자기 자신과 세상 모두가 충분히 가치 있어

보일 것이다. 인생에서 큰 실패를 겪고 바닥까지 떨어졌을 때 대등한 인간관계가 다시 올라갈 힘을 주기도 한다.

대등한 인간관계는 집단 내 긴장을 낮추고, 개인이 겪는 스트레스를 완화한다. 보통 사람들은 힘들이지 않고도 그러한 관계를 맺는데, 교류분석에서 '기분 전환 대화'라고 부르는 소통 방법을 자연스럽고 능숙하게 구사하기 때문이다. 이를테면 축구, 쇼핑, 날씨 얘기를 나누는 식으로 가치 중립적인 교류를 하는 것이다. 이러한 대화는 아무에게도 해가 되지 않기 때문에 아주 안전하다. 일반적인 사고방식의 소유자들은 껄끄러운 화제, 자기 성질을 건드리는 화제는 의도적으로 피한다. 여러분 쪽에서 그런 화제를 다루려고 해도 그들이 싫어할 것이다.

여러분이 파티나 모임에서 개밥에 도토리 같은 기분으로 보통 사람들의 대화를 듣고 있노라면, 왜 저렇게 피상적인 얘기만 하나 답답할 때가 종종 있을 것이다. 무시하지 말고, 서로 부담 없이 받아들일 만한 대화를 나누고자 하는 보통 사람들의 노력이라고 생각하라. 이러한 대화는 누구도 공격하지 않기에 서열 다툼을 미연에 방지하는 현명한 방법이다. 관계의 첫 돌을 놓기에는 '기분 전환 대화'도 충분하다는 것을 알아야 한다.


정신 활동이 지나치게 활발한 아이들은 자기가 다른 사람들과 다르다는 느낌에 불안해하고 거절을 몹시 두려워한다. 그래서 어떻게든 받아들여지고 싶다는 생각에 자기 딴에는 노력을 하는데 그게 정작 필요한 노력과는 거리가 있다. 무리하면서까지 사람을 사귀고 관계를 끌고 가려는 여러분의 의지는 그 시절부터 시작된 것이다.

## 경쟁과 서열

여러분에게는 서열에 대한 감각은 없고, 대등한 관계에 대한 감각만 크게 발달했다. 그로 인한 문제가 여러 곳에서 불거진다.

우선, 맥락을 파악하는 습관을 들이자. 사람들이 내게 무엇을 기대하는가? 수직적 서열인가, 수평적 관계인가? 수평적 관계라고 한다면, 저쪽에서는 얼마나 깊이 있는 관계를 맺기 원하는가? 저쪽에서는 원치도 않는데 찰싹 붙어 아기자기 재미나게 지내자고 억지를 쓸 수는 없다. 여러분이 대놓고 덥석 마음을 주는 바람에 당황한 사람이 그동안 하나둘이 아니었을 것이다.

그리고 '나도 괜찮지 않고 남들도 괜찮지 않다'는 사람과는 절대로 대등한 관계를 맺을 수 없다는 것을 기억하라. 여러분의 자존감이 충분히 견실하지 않고 자기 서열에 대한 의식이 부족하다면 상대는 여러분을 바닥까지 끌고 내려갈 것이다. 상대를 일으켜 세우기 전에 여러분이 먼저 그 사람과 함께 침몰하게 된다.

경쟁이라는 맥락에서 상대가 여러분의 허약한 자존감을 눈치챈다면 관계를 맺고자 하는 여러분의 의지가 약점이나 복종으로 오해받든가, 여러분은 그저 협력을 원했을 뿐인데 태도가 건방지고 버릇없다고 오해받을 수 있다.

엘리자베트는 무례하게 굴거나 쌍소리를 하는 사람들에게까지 늘 미소를 지었다. 나는 재수 없게 구는 가게 주인에게 미소를 지어 보이면 뭐가 달라지느냐고 엘리자베트에게 단도직입적으로 물었다. 그녀는 그 사람도 뭔가 기분 나쁜 일이 있어서 그럴 거라고, 자신의 미소로 그 사람의 하루를 환하게 밝혀 줄 수도 있지 않느냐고 대꾸했다.

폴은 정반대였다. 그는 자기 집 바로 아래에 인쇄소가 있어서 잠깐 내려가 A5 전단지를 만드는 데 비용이 얼마나 드는지 물어보았다. 인쇄소 사람은 짜증난다는 듯이 퉁명스럽게 대꾸했다. "몇 부나 찍을 건지도 모르는데 얼마가 드는지 어떻게 말해 줍니까!" 폴은 무례한 태도에 발끈해서 그 사람과 똑같은 어조로 받아쳤다. "얼마가 드는지 알아야 얼마나 찍을 건지 정하죠!" 폴은 이 이야기를 전하면서 재미있다는 듯이 덧붙였다. "웃긴 게요, 지금은 그 아저씨가 완전 호감이 됐습니다. 저한테 특히 잘해 줘요."

그 인쇄소 주인은 서열에 대한 감각만 발달한 사람인지도 모른다. 상대가 고압적으로 나오면 알아서 기고, 상대가 알아서 기면 고압적으로 나가는 사람이 있다. 이런 사람을 상대할 때에는 엘리자베트의 미소보다 폴의 강경한 태도가 훨씬 낫다. 이 상황에서 미소는 날 밟아 주시오, 라는 뜻밖에 더 되겠는가.

여러분보다 자기가 우월하다고 생각하는 사람과 대등하게(혹은 그 이상으로 정감 있게) 대화를 나누는 것도 위험하기는 마찬가지다. 상대는 그러한 대화에서 안정감을 잃는다. 그는 무슨 수를 써서든 여러분을 깔아뭉개고 싶어 할 것이다.

예를 들어 병원에서 의사는 환자에게 공손한 태도를 기대한다. 그런데 상담을 하다 보면 의사가 진료 중에 치근대서 난처했다든가 성추행을 당했다고 고백하는 여성이 참 많다. 그들은 본인의 건강 문제로 의사를 찾았다는 이유로 딱 부러지게 싫은 내색을 못했을지도 모른다. 혹은, 일부 의사들은 마치 우두머리 침팬지처럼 자기에게 암컷들에 대한 우선권이 있다고 생각하는지도 모른다.

어쨌든 내가 상담을 통해 살펴본 바로는, 그 여성들은 의사에게 기가 죽어 납작 엎드리지 않아서 도발적으로 보인 듯하다. 게다가 종종 앞뒤가 맞지 않는 미소가 유혹의 메시지로 오해받기도 한다. 여러분에게는 당황스러울지 몰라도 이 기제 자체는 이해하기 어렵지 않다. 여자가 남자에게 미소를 지어 보이면 남자는 대개 저 여자가 내게 호감이 있구나라고 생각하니까. 엘리자베트에게 미소를 남발하지 말라고 경고해야 하지 않을까.

환자가 세계보건기구의 건강 지침 같은 걸 들고 진료를 받으러 온다 치자. 여러분과 함께 그런 주제로 논의를 할 만큼 개방적인 의료인은 드물다. 그래도 의식이 많이 변하기는 했다. 요즘 젊은 의사들(그리고 전체 인구의 13퍼센트 남짓한 6단계 도덕성의 소유자들)은 훨씬 개방적이다.

마찬가지로, 법의 대리인(판사, 형사, 경찰 등)을 대할 때에도 보통 사람들은 일단 공손하게 굴고 본다. 그런데 여러분에게는 당연히 그래야 한다는 생각이 없다. 어떤 이들은 분개하면서 이렇게 말한다. "아니, 자기가 뭔데? 자기는 사람 아니라 신이라도 된대요?" 물론 상대는 일개 인간이지만 국가의 대리인이기도 하다. 그 사실을 염두에 두지 않으면 골치 아픈 문제가 생긴다. 우리 상담실 내방객 중에도 이혼 소송 중에 법조인과 껄끄러운 일이 생겼다는 사람들이 꽤 있다.

경쟁이 예고되면 정신적 과잉 활동인은 꼭 물러나고 싶어 한다. 점수 매기는 거면 난 안 해, 라는 식이다. 이렇게 서열을 부정하거나 회피하다 보니 갈등을 불러일으키거나 남들에게 이용당하기 십상이다. 싸우는 사람은 질 수도 있고 이길 수도 있다. 그러나 싸우지 않는 사람은 시작도 하기 전에 진 것이다. 지배욕이 발달한 사람들은 알력 관계를 거부하는 사람들을 자기 밥으로 안다. 이게 웬 떡이냐 싶을 것이다. 삶아 먹든 튀겨 먹든 뭔 짓을 해도 꿈쩍하지 않으니. 착취자나 지배자가 얼씬대지 않는 게 되레 더 이상할 정도다.

요컨대 여러분은 이리저리 치일 때가 꽤 많을 것이다. 자, 어떻게 생각하는가? 아, 그렇다, 여러분은 또 "별것 아니에요."라고 대답하겠지!

게다가 경쟁을 거부하면 서열 문제가 나중에 부메랑이 되어 돌아온다. 여러분은 싸움 밖에 머물 수 있을 거라 생각하겠지만, 어느 날 갑자기 허를 찔리고 말 것이다. 이를테면, 여러분은 자신의 업무 능력을 별로 의식하지 않고 평가하거나 측정하고 싶은 마음도 없다. 그래 놓고는 자신과 수준이 비슷하거나 사실은 실력이 못한 업계 사람이 눈부시게 빛날 때마다 여러분은 자신감이 쪼그라들고 '난 왜 이것밖에 안 될까' 고민한다. 이와 비슷한 경험을 한 번씩 하고 나면 또 한참이 지나야 겨우 자신감을 되찾는다. 간단히 말해, 거울 속에 비치는 백조의 모습은 받아들이지 않으면서 근사한 백조를 마주칠 때마다 자기는 미운 오리라고 우울해하는 격이다.

충분히 시간을 들여 자신을 남들과 객관적으로 비교해 보고 자기 능력을 파악하라. 이건 정말로 해야만 하는 일이다. 자기 위치를 파악하고 그 자리를 차지하는 법을 배우자. 자기에게 맞는 자리는 안전하고 편안하다. 그렇게 자기 자리를 찾을 때 여러분의 자신감도 굳건해진다.

아, 중요한 얘기를 깜박 잊을 뻔했다. 여러분 내면의 비판자와 어깨를 나란히 하는 관계를 맺어야 한다. 그 비판자를 윗자리에 두는 것은 금물이다.

## "남편도 날 이해 못해요"

생각이 너무 많은 사람은 드물고, 생각이 드문 사람은 너무 많다.
— 프랑수아즈 사강

1장에서 말했듯이 나는 일반적인 사고방식의 소유자들이 『나는 생각이 너무 많아』에 보여 준 반응에 실망했다. 그들이 정신적 과잉 활동인을 이해할 수 있는 도구를 얻고서 기뻐하리라 기대했기 때문이다. 그 후로 나는 그들의 사고 활동과 가치 체계를 좀 더 깊이 헤아릴 수 있게 되었다. 보통 사람들에게 정신적 과잉 활동인을 이해하는 것은 솔직히 급선무가 아니며 앞으로도 당분간은 사정이 변하지 않을 것이다. 그들이 원치 않아서라기보다는 그럴 수가 없어서다.

마리는 이런 말을 했다. "어차피 일반적인 사고방식의 소유자들은 우리를 이해할 수 없다는 생각이 들어요. 뭐랄까, 매직아이 같은 거죠. 처음에는 그냥 점이 잔뜩 찍혀 있는 것처럼 보여요. 그러다 시선의 초점을 흐리면 어떤 이미지가 불쑥 튀어나오죠. 보통 사람들은 이 입체적인 이미지를 절대 못 보는 거예요. 그들은 아무리 용을 써도 점밖에 안 보이니까 우리가 옆에서 그림이 튀어나와 보인다 말해도 믿지 못하죠." 실제로 단선적 사고는 복합적 사고를 구조적으로 포괄하지 못한다. 이건 의지 문제가 아니라 안 되니까 할 수 없는 것이다.

2014년 9월 28일자 주간지 『르 푸앵』에 '왜 우리는 자기계발서를 읽는가?'라는 기사가 실렸다. 그 기사는 내게 시사하는 바가 많았다. 첫 문단부터 무슨 말을 하려는지 알 수 있었다.

"사회학 박사이자 생 루이 브뤼셀 대학 교수 니콜라 마르키는 자기계발서 분야를 살펴보았다. 그 결과, 한 가지 확신을 얻었다. 자기계발서는 액면 그대로 보자면 아주 진부한 조언밖에 내놓지 않는데 독자들은 거기서 강력한 변화의 원동력을 찾아낸다. 개인들이 인생을 살면서 어떤 문제에 부딪힐 때 슬퍼하거나 묵묵히 감내하기보다는 일단 '자가치료'를 돕는다는 책부터 찾아보는 사회, 이건 도대체 어떤 사회일까?"

니콜라 마르키는 많은 인터뷰를 진행하고 보리스 시륄니크, 토마 단셈부르, 티에리 얀센 같은 유명 저자에 대한 독자 서평을 분석했다. 그는 진부한 책 내용에 비해 너무나 열광적인 독자들의 반응, 간혹 어떤 책을 읽고 "인생이 바뀌었다."라고까지 말하는 반응을 이해할 수 없었다. 이 사회학 연구자는 진심으로 당혹스러웠던 모양이다. 그 사람 시각에서는 그럴 만도 하다. 자기는 점밖에 보이지 않는데 입체적인 이미지를 보고 황홀해하는 사람들을 어떻게 이해하겠는가.

내 의견은 이렇다. 여러분은 보통 사람들에게 이해받기를 포기해야 할 뿐 아니라 여러분이 그들에게 하는 말에 각별히 주의를 기울여야 한다. 점밖에 보지 못하는 사람들에게 그림이 튀어나오고 어쩌고 떠들어봤자 정신병자나 피해망상증 환자 취급을 받을 뿐이다.

마리의 비극이 딱 그랬다. 마리는 비상한 두뇌의 소유자였지만 직장에서 괴롭힘을 당하고 있었다. 그러나 고용주에게 권한을 위임받은 정신과 의사는 직장에서의 정신적 학대도, 그녀의 남다른 두뇌도 인정하지 않았다. 의사는 마리에게 피해망상이라는 진단을 내렸다. 결국 남편까지 그녀가 정신병이라고 생각하게 되었다. 가장 가까운 가족들조차 자기를 믿어 주지 않자 마리는 스스로 목숨을 끊었다. 그녀의 자살은 정신병이라는 진단에 쐐기를 박았다.

보통 사람들은 세상을 있는 그대로 보고 각자가 거기에 적응을 해야 한다고 생각한다. 세상이 사람에게 맞춰 주는 게 아니다. 가령, 평범한 교사들은 학생의 차이를 인정해 주는 것이 학생을 정말로 위하는 길이라고 생각하지 않는다. 나중에 사회가 그들에게 맞춰 줄 리 없으니 그냥 어렸을 때부터 현실에 적응하는 법을 배워야 한다는 것이다.

이 생각에도 다분히 일리가 있다. 일반적인 사고방식은 모든 것을 구획 짓고 이름 붙이기 좋아하기 때문에 차이를 예외적으로 다룰 줄 모른다. 그래서 보통 사람들은 자신과 다른 사람들의 차이를 부정하고, 거부하고, '소수자'라는 딱지를 붙인다. 상자에 집어넣고 명찰을 붙이려면 그래야 하니까. 그들은 어떤 이론을 내세울 때 그 이론을 반박하는 듯한 현상이 보이더라도 부대현상(épiphénomène)으로 치부한다. 자기네 세계를 교란시키는 엄연한 사실적 요소들은 토론이 아니라 '논쟁'을 불러일으킬 따름이요, 나중에 얼마든지 유행, 신념, 수상쩍은 이론, 심하게는 사이비로 몰아붙일 수 있다.

예를 들어, 다른 나라에서는 인정받고 있는 자연요법 의사들이 프랑스에서는 돌팔이 약장수 취급을 당한다. 앞에서 아멜리도 주위 사람들에게 과도한 정신 활동에 대해 설명하려고 노력했을 때 비슷한 취급을 당했노라 고백했다. "그런 책은 행운의 별점하고 똑같지. 누가 읽어도 조금은 자기 얘기 같은 구석이 있어서 괜히 이해받은 것 같은 기분이 드는 거라고. 사이비가 아닌 건 확실해?"

이토록 꽉 막힌 사람들 틈에서 여러분은 가끔 고함을 지르고 싶다는 충동을 느낀다. 마리가 자살한 후 나는 얼마나 비통했는지 모른다. 이해받지 못한 채 벼랑 끝까지 내몰려 자살을 택한 정신적 과잉 활동인이 결코 적지 않다. 자살까지 생각했다가 내 책을 읽고 마음을 고쳐 먹었다는 독자 편지도 가끔 받는다. 니콜라 마르키 교수는 이해 못하겠지만 말이다.

영화배우 프랑시스 페랭(Francis Perrin)의 수기 『루이, 한 걸음 한 걸음(Louis, Pas à pas)』에서 한 여선생은 루이의 자폐증에 대해 알고 싶지 않다면서 이렇게 쏘아붙인다. "내가 남의 사생활을 알아야 할 이유는 없죠." 분개할 만한 일이지만 여러분이 다른 사람들을 바꿔 놓을 수는 없다. 그들은 어차피 변하지 않는다. 그러므로 그들과 관계를 개선하려면 그들이 생긴 대로 살아가라고 내버려 두고 그 모습 그대로 받아들여야 한다.

『나는 생각이 너무 많아』를 쓰고 나서부터 '정신적 과잉 활동인 – 일반적인 사고방식의 소유자' 커플의 상담 요청이 부쩍 늘었다. 이를 통해 정신적 과잉 활동인이 그렇지 않은 배우자(혹은 애인)를 얼마나 힘들게 하는지, 또 정신적 과잉 활동인을 이해 못하는 배우자가 이 관계에서 얼마나 고통받는지 실상을 파악할 수 있었다.

여러분은 사람 진을 빼고, 귀찮게 하고, 트집 잡기를 좋아하고, 끝도 없이 요구한다. 상대는 늘 알아야 하고, 이해해야 하고, 미리 내다보아야 하고, 관심을 가져야 하고, 배워야 하고, 알아서 행동해야 한다. 여러분은 그 사람이 충분한 애정, 관심, 사랑을 보여 주지 않는다고 생각하지만 여러분의 요구는 그들이 보기에 비현실적이고, 납득하기 어려우며, 피곤하기 그지없다.

눈부시게 빛나는 당신에게 조용히 감탄하며 은근하지만 한결같은 모습으로 사랑해 주는 사람이 있는데도 여러분은 그 사랑이 성에 안 찬다. 이러한 커플을 숱하게 지켜보고 나니 이제 정신적 과잉 활동인과 함께 사는 이들의 인내심이 감탄스럽다.


그 밖에도 다양한 상황에서 여러분은 일반적인 사고방식의 소유자를 힘들게 한다. 피에르는 자기가 상점 계산원이나 수하물을 다루는 종업원에게 함부로 하는 편이라고 솔직히 인정했다. 여러분은 직장에서도 평범한 동료에게 모멸감을 주는 경향이 있다. 앞에서도 말했지만 당신 혼자 너무 빠르고 힘차게 노를 젓기 때문이기도 하고, 동료들이 여러분으로 인해 자신의 보잘것없음을 직시하게 되기 때문이기도 하다. 보통 사람들에게 아주 기본적인 규칙을 여러분은 끊임없이 위반한다. "절대로 다른 사람이 체면 구길 일은 만들지 말라."

이런 식으로 한번 설명해 볼까. 먹지 말라고 한 잼을 손가락으로 찍어 먹으려다가 딱 걸렸다. 그러면 여러분은 고개를 빳빳하게 들고 자기 잘못을 시인한다. "네, 잼을 몰래 먹으려고 했어요. 인정합니다. 벌을 내리시면 받겠어요." 같은 상황에서 보통 사람들은 그렇게 순순하게 나오지 않는다. 그들은 '체면을 차리고 싶어서' 변명을 하거나 일단 되는 대로 둘러댄다. "아, 이거 잼이었어요? 몰랐어요. 그래서 이렇게 손가락이 끈적끈적하구나!"

보통 사람들끼리는 그 정도 선에서 일이 마무리된다. 잼을 먹으려던 사람은 들켰고, 아무도 그런 허접한 변명에 속지 않지만 그 사람 체면을 생각해서 넘어가 준다. 당사자가 부끄러워하니까 그걸로 충분한 것이다. 그런데 정신적 과잉 활동인은 이걸 용납 못한다. 여러분은 이런 상황에서 왜 자기 잘못을 인정 안 하느냐, 말은 똑바로 해라, 라고 추궁한다. 눈치 없고 서툴러 빠지기는! 누구는 그런 변명을 곧이곧대로 믿어서 넘어가는 줄 아는가.

필리프는 회사에서 동료와 무척 껄끄러운 사이였다. 나는 그에게 잼 몰래 먹기 이야기를 들려주고서 이렇게 결론을 내렸다. "당신 태도가 동료에게는 모욕적인 거죠. 그의 바지를 홀러덩 벗긴 거나 마찬가지예요. 그것도 사람들이 다 보는 앞에서!" 필리프는 어안이 벙벙해서 말했다. "그 동료가 어제 저한테 한 말하고 똑같아요!"

자, 그러니까 자비를 베푸는 뜻에서, 혹은 미움을 사지 않기 위해서, 보통 사람들이 자기네 방식대로 체면을 차릴 수 있게 내버려 두자. 그리고 평범한 사람들과 원만하게 지내고 싶다면 너무 개인적인 주제,

너무 심도 깊은 주제, 너무 까다로운 주제는 함께 이야기하지 말라. 무엇보다도, 그들의 확신을 박살내려고 애쓰지 말라. 그런 노력은 아무짝에도 쓸모없다. 괜히 그들에게 상처만 주고, 당신도 그들의 반응에 상처받을 것이다.

아멜리는 내게 이렇게 썼다. "하지만 남들을 깔보는 저 자신의 나쁜 점에 대해서 말하는 건 결국 제 삶에서 지적이지 못한 사람을 배척한다는 얘기를 하는 셈입니다. 저는 (가방끈과는 상관없지만) 웬만큼 재기가 있는 사람들만 상대하죠. 그 밖의 사람들과 사귀려고 애쓰는 건 시간낭비라고 생각해요. 그들은 제가 보여 주려고 노력한 바를(노력은 해봤답니다. 믿어 주세요!) 어차피 이해 못할 거예요. 아예 이해의 '여지'가, 세계에 대한 성찰이나 분석 감각 자체가 없는 것 같은데 어쩌겠어요."

『나는 생각이 너무 많아』를 집필하던 때 같으면 아멜리 말이 100퍼센트 옳다고 했을 것이다. 그러나 지금은 아멜리에게도 부분적으로 문제가 있다고 생각한다. 그냥 함께 있는 게 좋아서, 그래서 함께 있어도 괜찮다. '기분 전환 대화'가 모두를 안심시키고 마음을 느긋하게 풀어 줄 것이다.

# 늑대를
# 양이라고 믿다가는…

🌿 리안 홀리데이의 이야기에서 보았듯이, 여러분은 심리 조종자의 이상적인 먹잇감이다. 그들의 못돼 먹은 행동에 여러분은 완전히 허를 찔린다. 여러분의 뇌는 여느 사람들의 뇌처럼 실행 기능이 작동하지 않기 때문에 깜짝 효과나 비정상적인 상황, 그리고 그로 인해 생기는 스트레스를 잘 관리하지 못한다. 타인을 지배함으로써만 존재하는 사람들과도 어떻게든 좋은 관계를 맺어야 한다는 생각도 여러분의 발목을 잡는다.

남의 말에 너무 큰 의미를 부여하고 집착하는 당신, 귀를 붙들린 토끼처럼 당신은 속 빈 강정 같은 말에 붙들린다. 하지만 그건 어디까지나 이 책을 읽기 전 이야기다. 이제 여러분은 심리 조종자가 여러분의 뇌를 장악하지 못하게 잘 막을 수 있다.

먼저 사악하고 삐뚤어진 행동을 알아볼 수 있어야 그러한 행동을 예측하고 때맞게 심리 조종에 대처할 수 있다. 그러자면 어떤 사람들은 입으로는 당신을 좋아한다 말하면서 속으로는 악의를 품고 계산적으로 행동한다는 현실을 먼저 받아들여야 한다. 그리고 이런 심리 조종자들은 매사를 힘의 관계로만 보기 때문에 최대한 멀리 그들에게서 도망가지 않으면 언제고 충돌을 피할 수가 없다. 따라서 여러분은 자기주장을 분명히 하고, 때에 따라서는 갈등도 불사하는 법을 배워야 한다. 심리 조종자는 순진한 여러분에게 세상의 어두운 면을 기어이 보게 만든다.

　내게 심리 조종이라는 주제는 이제 거의 진절머리가 날 지경이다. 여러분은 기껏해야 심리 조종자를 한두 명 상대해 봤을 것이다. 심리 조종자인 걸 알아봤다면 말이다. 여러분은 그들을 직접 상대하기 때문에 충분히 거리를 두고 관찰할 수가 없었을 것이다. 하지만 나는 주로 피해자들과의 상담을 통해 항상 50명가량의 심리 조종자들을 동시에 접하는 데다 그 생활이 벌써 20년째다.

　그 인간들은 정말 보통내기가 아니다. 내가 그런 인간들에게 직접 당하고 사는 게 아니어서, 근무 시간에만 그런 인간들을 신경 쓰면 되는 거라서 정말 다행이다. 믿어 주기 바란다, 심리 조종자들이 불러오는 고통과 스트레스를 치 떨리게 잘 아니까 하는 말이다. 심리 조종자들은 파렴치하고 멍청하고 잔인한 인간들이다. 나는 이제 그런 인간들을 참아 주기도 싫고, 가엾게 보지도 않는다. 동정할 가치도 없고, 괴로워할 줄도 모르는 인간들이다.

　여러분은 믿고 싶지 않겠지만 그들은 나쁜 짓인 줄 빤히 알면서 얼마든지 저지를 수 있다. 아니, 그들은 곧잘 자기 입으로 그렇게 말한다. 자기들의 추잡스러운 짓거리가 자랑스러운지, 꽤나 의기양양하게! 나는 그 버러지 같은 인간들이 아무것도 모르는 보통 사람들을 수동적인 공모자로 삼고서 여러분에게 가하는 악행을 더는 못 참겠다.

그러니까 이제 여러분 나름대로 노력을 기울여 보라. 눈을 크게 뜨자. 가끔은 여러분이 너무 천사표라서 내가 다 짜증이 난다. 앞에서 아멜리가 그랬던 것처럼 여러분은 내게 불쌍한 사람들을 나쁘게 보는 못된 사람이라고 한다. 심지어 심리 조종자의 손아귀에서 벗어나려고 상담을 받으러 와서도 아멜리처럼 속도 없이 순진해 빠진 말을 하고 간다. 눈을 크게 뜨고 사태를 똑바로 보라고 타이르는 내게 되레 눈을 흘기는 것이다. 그럴 때마다 솔직히 정신적 과잉 활동인 상담을 때려치우고 싶다는 충동이 든다. 여러분을 자신의 그 지긋지긋한 순진함에서 보호하기가 얼마나 힘든지!

아, 이 부분에서만큼은 여러분이 똑똑하지 못하다는 데 진심으로 동의한다. 순전히 여러분만의 문제 같으면 나도 그냥 속으로 이렇게 생각하고 말겠다. '그래, 늑대를 양이라고 믿고 싶으면 그러세요, 늑대를 늑대라고 부르는 내가 문제라면 그렇게 생각하세요, 늑대들은 내가 개인적으로 상대하면 되지.'

하지만 여러분이 현실을 부정하는 태도를 보이기 때문에 변태들이 활개를 치고 더 많은 피해자들이 생기는 것이다. 일반적인 사고방식의 소유자들은 아무것도 알지 못한다. 이 사실 자체가 문제요, 비극이다. 그렇지만 여러분의 의식구조로는 이해할 수 있다. 그러니까 여러분이 모른 척 넘어간다면 심리 조종자의 공범 노릇을 하는 거나 다름없다. 나로서는 용서할 수 없는 일이다.

내가 상담을 할 때 늘 친절하기만 한 사람은 아니라는 것을 이미 눈치챘을 것이다. 여러분이 자명한 사실을 받아들이기 거부하니까 어쩔 수 없다. 유감스럽게 생각한다. 나도 인내심이 바닥났노라 솔직히 인정한다. 심리 지배에 대해서 좀 더 깊이 알고 싶은 독자들은 『나는 왜 그에게 휘둘리는가』를 읽기 바란다. 나는 이제 여러분을 설득할 목적으로는 단 한 줄도 더 쓰고 싶지 않다.

## 삶이 편해지는 소통 수칙

🪐 심리 조종자들을 걸어 내고 보통 사람들의 의식구조를 좀 더 분명히 파악하면 인간관계가 차츰 마음 편해진다. 소통 관련 강연이나 세미나에 참석하는 것도 좋은 방법이다. 상대의 말을 경청하는 법, 거절하는 법, 갈등을 다스리는 법 등을 배울 수 있다. 나는 신경언어프로그래밍 기법을 선호하지만 그 밖에도 다양한 기법이 있다.

소통은 팔딱팔딱 살아 숨 쉬는 것이다. 소통 방법을 일부러 배우면 자발성이 사라지는 것 아니냐며 주저하는 사람이 더러 있다. 그러나 자발성에서 잃고 가는 부분이 있어도 진정성, 안정, 지혜라는 면에서 얻는 부분이 있을 것이다. 또한 자신의 소통 방식을 의식함으로써 여러분이 곧잘 놓치는 객관성, 타당성, 예방 조치를 챙길 수 있으니 좋지 아니한가. 자기가 인간관계를 어떻게 꾸려 나가기 원하는지 분명히 알수록 무의식에 여지를 덜 주게 되고, 자기 욕구를 충족하거나 신념을 공고히 하기는 더욱 수월할 것이다.

다음의 몇 가지 기본 수칙이 여러분의 생활을 한결 편하게 해 줄 수 있을 것이다.

– "목표 없는 소통은 정처 없는 여행이다."(제니 레이보드)

목표가 명확할수록 소통은 쉬워진다. 목표가 없으면 목표에 도달하지 못했다고 한탄할 수조차 없다. 면접이나 개인적인 만남에서 자기가 하고 싶은 말을 미리 생각해 두라. 중요한 얘기를 하고 싶은 자리라면 더 말할 필요도 없다. 대화에서 어떤 말이 나오기를 바라는지 미리 분명히 생각하고 가자.

–소통은 다른 사람이 생각하는 세상을 통해 그를 만나는 것이다.

상대에게 내 에너지를 들입다 발산하는 대신, 내가 그 사람 에너지에 맞추려고 노력해야 한다. 정신적 과잉 활동인은 자기 기준을 남들에게까지 적용하는 경향이 있다. 무조건 너무 친숙하게, 너무 대등하게, 너무 다정다감하게 다가가지 말고 상대를 봐 가며 행동하는 요령을 익혀야 한다. 앞뒤가 맞지 않게 다가가면 상대는 불편해한다. 상대를 진솔하게 대하되, 정도껏 하라.

- "자기 얘기만 하는 사람은 잘난척쟁이다. 남들 얘기만 하는 사람
  은 수다쟁이다. 그러나 당신에 대해서 말하는 사람은 재담꾼이
  다!"(마르셀 파뇰)

적게 말하고 많이 들어라. 상대가 매력을 과시하고 주목받을 기회
를 충분히 주자. 그러면 실제로 그 사람의 매력이 보일 것이다.


- 잘 들을수록 적절하게 반응할 수 있다.

자기 생각에만 골몰한 채 상대의 질문에 대답해선 안 된다. 그 질
문이 그 사람과 무슨 상관이 있는지 이해한 후에 말을 해야 한다.
예를 들어 채용 면접에서 "자녀가 있습니까?"라는 질문을 받았다
치자. "네, 아이들이 다 커서 이제 제가 마음 놓고 일할 수 있습니
다."라고 답할 수도 있고 "네, 아이가 셋입니다. 애들을 키우면서
일의 우선순위라든가 갈등을 관리하는 법을 배웠습니다."라고 답
할 수도 있다. 그리고 경우에 따라서는 짧게 대꾸만 하는 법, 아예
대답하지 않는 법도 배워야 한다.


- 요구를 분명히 하라.

부탁이나 요구를 하면서 빙빙 둘러말하는 사람은 많아도 구체적
으로 딱 부러지게 말하는 사람은 적다. 그런데 여러분은 은근한
암시나 떠보는 말 때문에 혼란스러워하기 쉽고, 뭔가 꺼림칙한 것
이 있어도 그걸 해소할 줄 모른다. 투덜대는 말, 불평 너머에 언어

로 표현되지 않은 요구가 있다. 마찬가지 맥락에서, 누군가가 여러분을 질책한다면 자기가 대놓고 하지 않은 요구를 들어주지 않았다고 질책하는 것일지 모른다. "자기는 나한테 한 번도 꽃을 준 적 없잖아!"

요구를 수면으로 부상시키자. 여러분은 상대의 요구를 알아서 짐작하는 능력이 떨어지기 때문에 상대가 뭔가를 분명하게 요구할 수 있게끔 기회를 만드는 편이 낫다. 자기는 뭐 받고 싶어? 내가 어떻게 했으면 좋겠어? 뭘 해 줄까?

다만 이 방법에는 한계가 있다. 위계상 윗사람은 아랫사람에게 노골적인 부탁을 하지 않을 때가 많기 때문이다. "그 여직원은 자격 미달에 실력도 없지만 뒤를 봐주는 사람이 있으니까 칭찬 일색의 인사보고서를 작성해 주게. 그 여자가 그 자리를 따내야 자네와 내가 회사생활 편하게 할 수 있어."라고 말하지는 않는다.

− 오해가 발생하면 여섯 시간 기다렸다가 당사자에게 직접 말하되, 상대를 비난하지 말고 내 감정만 전달하라.

아예 '당신은', '너는'이라는 말 자체를 하지 마라. 왜 이 방법을 쓰느냐고? 곧바로 나서면 흥분을 주체 못하기 쉽고, 너무 늦게 나서면 이미 원망이 뿌리를 내렸을 수가 있다. 여섯 시간 정도는 오해가 아직 오해로만 남을 수 있다. 내 문제에 중재자들을 끌어들일 생각을 하지 마라. 그들이 자칫 불에 기름을 부을 수도 있다. 상대에 대해서 말하지 않고 나 자신에 대해서만 말해도 충분하다.

─평등한 교환을 실천하라.

내가 받은 것보다 너무 많은 것을 주려고 하지 마라.

가장 귀중한 지침은 마지막을 장식하려고 남겨 두었다.

─사과나 용서는 한 번만.

한쪽이 학대당하는 인간관계를 용납해선 안 된다. 이 지침은 쌍
방 모두에게 적용된다. 상대가 당신을 용서했는가? 그렇다면 그
사람은 무슨 말이 나올 때마다 이미 지난 일을 들먹여서는 안 된
다. 딱 잘라 말하자. "내가 미안하다고 했고 당신도 됐다고 했잖
아. 뭘 더 바라는데?" 입장 바꿔서, 여러분도 한 번 용서하면 그걸
로 끝이다. 두 번째 용서는 없다는 것을, 따라서 똑같은 잘못을
또 저질러서는 안 된다는 것을 똑똑히 알아야 한다.

여러분은 아마 지금까지 여러분을 존중하지 않는 사람들에게 두
번째 기회를 셀 수 없이 남발했을 것이다. 이런 말을 들어보았는
가? "친구가 한 번 배신했으면 그건 그 친구 잘못이다. 친구가 두
번 배신했다면 그건 당신이 잘못한 것이다." 나는 아예 대놓고 이
렇게 말하겠다. "나를 배신한 사람에게 또 기회를 준다는 것은 나
를 쏠 두 번째 총알을 준 것이다."

여러분 자신이 굳세어지고 자존감이 튼튼해지면, 인간 본성의 현실을 인정하면, 몇 가지 기본 수칙을 소통에 적용하면 사람들과의 관계가 훨씬 수월해진다. 그리고 여러분과 파장이 딱 맞는 사람들, 여러분과 똑같은 방식으로 생각하고 움직이는 사람들도 있으니 그런 사람들과 어울려 지내면 매사가 쉽고 편안해질 것이다.

# 10장

## 연애마저 번번이 실패하는 까닭

아무 남자나 데려와 보라. 그가 무슨 일을 하고 어떻게 섹스를 하는지 말해 보라. 그러면 그 사람이 어떻게 지내는지 알 수 있다.

　－프랭크 패럴리

심리치료사 프랭크 패럴리(Frank Farrelly)가 도발적 치료(Provocative Therapy) 연수에서 이렇게 유머러스하게 말했듯이, 개인의 자아실현을 떠받치는 것은 일과 사랑이라는 두 기둥이다. 일과 사랑이 원만하게 풀리는 사람은 행복하고 생활에 균형이 잡혀 있다. 둘 중 어느 하나라도 어긋나면 그 사람의 생활은 균형이 깨지고 기우뚱해진다. 일과 사랑, 어느 쪽에서도 감사와 기쁨을 느끼지 못하는 사람은 위태위태하다.

그래서 이제 이 두 측면이 원만하게 풀릴 수 있게끔 우리의 관심을 기울여 볼까 한다. 지금까지 거듭된 이야기지만 여기서도 내가 원하는 것, 내 상대, 나 자신의 가치관, 자기가 원하는 미래와 인간관계를 현실적인 눈으로 바라보는 것이 가장 관건이다.

스티븐 프레스필드는 『터닝 프로』에서, 일에서만이 아니라 인생 전반에서도 아마추어로 사는 사람이 있는가 하면 프로로 사는 사람이 있다고 말했다. 아마추어는 골치 아픈 현실을 외면하려고 텔레비전, 쇼핑, 인터넷 등의 오락거리로 도피하거나 담배, 술, 설탕 따위에 의존한다. 이러한 오락거리나 중독 대상은 생각을 산만하게 흐트러뜨리고 연속적 현재로서의 시간 개념을 희박하게 만든다. 이때 우리는 현실을 바로 곁에 두고도 정신적 혼란과 불안이라는 심리적 안개 속에서 살아가는 셈이다.

겉으로 보기에는 만사가 순탄한 것 같아도 사실은 '그림자' 인생 속에서 꼼짝달싹 못하는 사람이 너무나 많다. 다시 말해, 그들은 진짜 인생이라고 말할 수 없는 허깨비 인생, 그들 자신을 슬프게 하는 인생을 산다. 그림자 인생을 살고 있기 때문에 늘 남들에게 사기 치는 기분이 들고 뭔가 껄끄럽고 불만족스러운지도 모른다.

아마추어의 자세는 커리어를 관리하는 방식뿐만 아니라 연애에 접근하는 방식에도 적용된다. 그래서 삶을 떠받치는 두 기둥을 조화롭게 하려면 두 측면을 함께 살펴보고 자아실현에 반드시 필요한 조치를 취해야 한다. 여러분이 일에서나 사랑에서나 프로가 되기를 바란다.

## 왜 수준 낮은
## 상대만 만날까

독자 이메일을 통해서 정신적 과잉 활동인의 연애와 성공 기준에 대한 질문을 참 많이도 받았다. 이런 질문에 답한다는 것 자체가 대단한 도전이자 광범위한 작업이다. 다시 정리해야 할 필요가 있는 것을 함께 살펴보겠다.

만약 당신이 실연을 거듭하고 있다면 그게 바로 연애에서 아마추어처럼 굴고 있다는 증거다. 키잡이 없는 배에 몸을 싣고 감정의 망망대해에서 이리저리 휘둘리고 있다고 할까. 당신은 사랑이 저절로 확 피어오르는 큰불이라고, 장작을 모아 정성들여 피운 난롯불은 진짜 사랑이 아니라고 철석같이 믿는다.

그래서 자기가 원하는 연애의 그림을 좀 더 적극적으로 만들어 나가라고 조언하면, 진정한 사랑은 나를 온전히 맡기는 것이지 용을 써서 될 일이 아니라고 대꾸한다. 그렇게 여러분은 마치 연애에서는 아마추어 정신이야말로 진정성의 표시라는 듯 말한다. 하지만 자기가 원하는 바를 알고 그 바람에 충실하게 사는 것은 성숙하고 균형 잡힌 관계의 전제 조건이다.

여기서도 여러분의 연애를 그르치고 전혀 평등하지 않은 교환으로 변질시키는 것은 형편없는 자존감이다.

– 여러분은 감사하는 마음이 과도하게 발달했다. 그래서 누가 조금만 관심을 써 주고 우애의 표시를 보여 주면 금세 감격하고 상대를 전적으로 믿어 버린다. 다시 말해, 상대에게 덜컥 관계의 '백지 수표'를 건네고 마는 것이다. 적절한 수준에서 고마워하고, 평등한 교환을 염두에 두자.

누군가의 전화 한 통으로 여러분 인생이 바뀌었는지도 모른다. 하지만 그 사람에게는 그저 전화 한 통이었을 뿐이다. 자존감이 너무 낮기 때문에 별것 아닌 일에도 고마워 어쩔 줄 모르는 여러분은 늘 위태위태하다. 그저 조금 친절하고 좋은 모습을 보였을 뿐 여러분에게 바라는 것이 없는 사람들에게 마음을 줘 버리기도 하고, 더 나쁘게는 여러분의 약점을 간파하고 이용하려 드는 심리 조종자들에게 빠져들기도 한다.

– 여러분은 어울리지 않는 사람들을 선택한다. 연애 상대를 고를 때 심하게 눈이 낮은 이유는 부실한 자존감에 있다. 그래서 처음부터 잘될 수가 없는 사람과 연애를 하려 들 때가 많다. 잘될 수가 없다고 말하는 이유는, 그 사람이 여러분에게 콤플렉스를 느낄 뿐 아니라 자기가 그렇다는 것도 알기 때문이다. 내가 여러분에게

사람 보는 눈이 낮다고 말하면, 여러분은 사람을 함부로 판단하면 안 된다면서 흥분한다. 하지만 그게 아니다. 여러분은 사실 '내게 과분할 정도로 좋은 사람'을 피하고 있을 뿐이다.

실제로 여러분 수준에 잘 맞는 사람인데도 여러분은 나한테는 넘친다, 내가 너무 기가 죽는다, 긴장이 되어서 편하지가 않다, 라고 말한다. 그 사람이 여러분에게 관심을 가질 리 없다고 단정 짓고 보는 것이다. 게다가 자율적인 사람은 왠지 여러분을 불안하게 만든다. 누구의 도움도 필요 없는 사람은 어떻게 대해야 할지 모르겠으니까.

여러분은 자기에게 지나치게 좋은 사람도 볼 줄 알고, 별로 좋지 않은 사람도 볼 줄 안다. 자존감을 튼튼하게 다지면 전부 해결될 일이다. 자존감을 바로 세우기 전에 먼저 '내게 과분한 사람'을 좀 더 자세히 관찰하는 일부터 시작하자. 그 사람이 배우자나 파트너가 된다면 어떤 모습일까를 상상해 보라. 오리들은 자기들끼리 놀라고 내버려 두고, 백조들을 눈여겨보라는 말이다.

─연애를 하고 싶은 건가, 심리상담사가 되고 싶은 건가? 여러분은 쓸모 있는 존재가 되고 싶다는 바람 때문에, 혹은 사랑을 입증하고 싶어서 '치료가 필요한' 사람을 파트너로 택하곤 한다. 상황이 그렇다 보니 당연히 상대는 여러분이 필요하고 여러분에게 고마워한다. 그 사람은 여러분을 떠날 수도 없고 거부할 수도 없다.

이리하여 한쪽이 일방적으로 주기만 하는 관계가 당연한 것처럼 자리를 잡는다. 갈수록 태산인 것은 그 사람의 문제 혹은 심리질환이 여러분 두뇌의 도전 과제로 둔갑하는 것이다. 여러분의 뇌는 그 과제에 매달리고, 온갖 가설을 세우고, 상대를 어떻게 보살필지 이런저런 전략을 생각해야만 직성이 풀린다. 이건 아주 고약한 발판이다. 애인이나 배우자를 병자나 정신박약자 돌보듯 할 필요는 없다.

업계 동료 하나는 상담을 받으러 온 사람에게 아주 강력하게 말한다. "그 사람에게 느끼는 감정이 일말의 동정심뿐이라면 당장 도망치세요!" 여러분 중에 더러는 이러한 태도에 충격을 받을 것이다. 하지만 이건 어디까지나 상식에 호소하는 충고다. 사실, 누군가가 심하게 망가졌거나 태산 같은 문제에 짓눌려 있다고 해서 꼭 그 사람과 관계를 맺어야 한다는 법은 없다.

게다가 여러분의 두뇌가 맞이한 도전 과제는 애초부터 글러 먹었다. 일단, 단칸방을 궁전으로 둔갑시킬 수는 없는 법이다. 그리고 어차피 그 단칸방도 여러분 것이 아닌데 그 방을 청소하고 단장하는 일을 왜 여러분이 해야 하나? 언제나 우울하고 가엾은 그 사람이 불만스럽다면 애초에 출발이 틀린 것이다. 정신병동 간호사는 환자가 심하게 우울해한다고 해서 그 환자와 동침하지는 않는다. 자기가 돌보는 환자와의 결혼은 의료인의 직업 윤리상 좀 뭐한 일이다. 아, 그건 정말 아니다.

－아주 심각하진 않지만, 여러분의 또 다른 실수는 자신에게 거짓말을 너무 많이 한다는 것이다. 여러분이 아무 관계나 덥석 받아들이는 이유는 자기가 사랑받을 자격이 없다고, 파트너다운 파트너는 과분하다고 생각하기 때문이다. 그래서 도움이 안 되는 관계, 파괴적인 관계도 마다하지 않는다.

빨간불이 분명히 들어왔는데도, 연기가 피어오르고 사방에서 경고등이 깜박거리는데도, 고막이 찢어질 듯 사이렌이 울리는데도 여러분은 기어이 불구덩이로 뛰어든다. 현실에서 도피하려고 자신의 환상 속으로 뛰어드는 것이다. 그래서 상상력이 너무 풍부해도 골치 아프다. 애정과 존중이 없는 관계를 받아들여도 괜찮은 사람은 없다. 특히 여러분에게 그런 관계는 금물이다.

여러분의 자존감 결핍이 연애에 불러오는 결과를 살펴보았다. 받은 것 이상으로 퍼주고, 요구하거나 받을 줄은 모르고, 세상 모든 사람이 교양 있고 똑똑한 사람이라는 가정을 전혀 그렇지 않은 경우에까지 밀고 나가고, 일단 상대를 믿고, 마땅히 품어야 할 경계심까지 거부하고…. 여러분은 관계의 백지수표를 얼마나 많이 남발했던가. 따라서 자존감을 바로세우는 것이야말로 여러분의 연애를 성공으로 이끄는 첫걸음이다.

# 행복하지 않으면
# 사랑이 아니다

이제 이 모든 실패담을 이기는 시나리오로 바꾸는 방법, 연애를 통해 삶이 달라지는 방법을 살펴보자. 무엇보다 여러분의 신념 체계를 돌아보고 객관적으로, 프로답게 자신의 기준을 정할 수 있어야 한다. 지금까지 말하지 않았지만, 쥐와 사람은 아주 큰 차이가 있다. 쥐는 물에 잠긴 터널 끝에 치즈가 없다는 것을 알면 그때부터는 물에 들어가지 않는다. 그런데 사람은 소득이 없는 줄 알면서도 끝내 그 길을 가곤 한다.

왜 사랑 없는 곳에서 굳이 사랑을 찾겠다고 고집 피우는가? 상대가 나를 경멸하거나, 무시하거나, 이용하거든 그 사람에게 사랑을 기대하지 마라. 가끔은 당하기 전부터 이 사람이 내게 충실하지 않겠구나, 나를 기만하겠구나, 나를 업신여기겠구나, 라고 느낌이 올 것이다. 내가 바라는 것과는 영 딴판의 관계가 될 거라는 예감이 들 것이다.

속상해할 필요 없다. 저쪽에서 줄 생각도 없는 것을 기대할 이유도 없다. 저쪽만 잘한다고 될 일도 아니고, 여러분만 잘한다고 될 일도 아니다. 어떤 사람들은 상종할 바가 못 된다. 아멜리에게는 미안한 말이지만, 심리 조종자들은 사랑이 필요한 게 아니다. 그들은 증오를 쏟아부을 대상이 필요할 뿐이다. 상대가 내 사랑을 받을 자격이 있는지 없는지, 감히 판단해야만 한다.

## 사랑은 고통을 주지 않는다

당장 챙겨야 할 판단 기준이 하나 있다. 연애는 사람을 행복하게 한다. 절대로 잊어버리지 않도록 침실 벽에 크게 써서 붙여 놓기 바란다. '사랑은 고통을 주지 않는다.' 연애에서 기쁨보다 고통이 더 크다면 정서적으로 지나치게 의존하고 있는 것이다. 행복한 사람들은 공연히 싸우지 않는다. 서로 사랑하는 사람들끼리는 매사가 원만하고 유연하다.

물론 연애를 하는 중에도 힘든 일은 생긴다. 그래도 피차 상대를 생각해 최선을 다하기 때문에 불에 기름 붓는 식으로 고통이 번지지는 않는다. 사랑하는 사람들끼리는 존중, 경청, 그리고 자기애의 상호 충족이 있다. 그러나 정서적 의존 관계에서는 사사건건 파괴적이고 소모적이다. 양쪽 다 금단 현상, 일시적 안도, 어떻게든 관계를 끊어야겠다는 결심 사이를 수시로 오가는 것이 마약중독자들하고 똑같다. 건강한 사람 둘이 만나면 서로 행복하고 만족스러운 기분으로 자기 앞가림을 잘하고 상대도 보살펴 준다. 환자에게 집착해서 아예 살림을 차린 간병인이나 심리상담사보다는 그 편이 더 근사하지 않은가!

누군가를 사람 만들어 보겠다는 생각은 집어치워라. 나 자신을 먼저 챙기고 나부터 괜찮은 사람이 되어야 조화로운 커플 관계를 맺을 수 있다. 여러분의 다음번 연애가 매사 평화롭고 확실하거든, 흐르는 물살을 잡겠다고 용쓰는 기분이나 롤러코스터를 타는 기분 없이 안온하거든, 괜히 유감스러워하지 말고 기뻐하고 즐거워하라! 드디어 파괴적인 정서 의존 관계에서 빠져나온 것이다. 사실, 건강하고 균형 잡힌 관계가 처음에는 심심하고 밋밋해 보일 수 있다.

## 솔직함과 상호 존중이 없으면 사랑도 없다

자아실현에 이로운 건강한 관계의 기준을 분명히 하고 그 기준을 쌍방이 존중해야 한다. 여러분은 연애에서 무엇을 기대하는가? 우리의 선택은 자존감이나 가치관과 관련이 있다. 적정 수위를 밑도는 자존감이 충분히 차고 올라올 때까지는 자신의 가치관에 근거를 두자. 존중, 유머, 감정 지능, 호의, 나누고 배우고 생각하고 발전할 수 있는 가능성. 이러한 가치관을 공유하지 않는 이들과 시간 낭비할 필요가 있을까?

연애에서 솔직한 태도는 아주 중요하다. 그런데 솔직함에는 곧잘 이중적 역설이 개입할 수 있기 때문에 한번쯤 돌아볼 필요가 있다. 첫 번째 역설은 상대에게 순도 100퍼센트의 진실을 요구하면서 정작 상대가 진실을 말하면 귀 기울이지 않고 자기가 믿고 싶은 방향에 이리저리 부합하는 온갖 거짓을 덮어놓고 받아들이는 것이다.

또 다른 역설은 자기 자신에게 하는 거짓말이다. 가령, 무엇을 기준으로 보든지 잘못되어 가고 있음이 분명한데도 그 관계가 긍정적이라고 생각한다면 그건 자기기만이다. 존중은 사랑에서 빼놓을 수 없는 부분이다. 존중 없는 사랑은 없다. 사랑받고자 하는 욕구가 존중받고자 하는 욕구를 압도해 버리면 그때부터 곤란해진다. 자기가 멸시하는 사람을 사랑한다는 것은 불가능하기 때문이다. 내 비위를 맞추려고 늘 네 발로 기어 다니며 왈왈 짖는 사람을 진정으로 사랑할 수 있을까? 나 자신에 대한 성실과 존중부터 제대로 갖춰야 한다. 모든 인간관계에서 항상 나 자신에게 정직하고 나를 존중하겠다고 굳게 결심하라.

## 사랑에도 '면허'가 필요해

비행기를 몰기 전에 사전 점검을 하지 않고 계기반 한번 들여다보지 않는 조종사, 진행 방향도 살피지 않고 기상 조건도 고려하지 않는 조종사가 있다고 치자. 이 조종사가 추락 사고를 낸다고 해서 놀랄 일인가? 연애도 제대로 이끄는 방법을 알아야 성공할 수 있다. 사랑의 비행 면허는 다음과 같은 요소를 포함한다.

- 안전하게 목적지에 착륙하겠다고 굳게 결심하라. 쓸데없이 위험을 자초하지 말라. 연애는 최상의 조건에서 이루어지더라도 자아를 위험에 노출시키는 일이다. 실연은 트라우마를 남기고, 자존감을 깎아 먹고, 후유증을 남긴다. 여러분은 최대한 자신의 정서적 안전을 책임져야 한다. 그 방법은 다음과 같다.

―사양이 좋고 상태가 좋은 비행기를 골라서 시험비행을 해 본다. 시원찮은 구형 비행기를 몰고 나갔는데 착륙해 보니 근사한 제트기로 둔갑해 있는 일은 없다. 비행 중에는 비행기를 바꿀 수도 없고, 급조할 수도 없다. 탑승 전부터 결함이 있었던 비행기를 기어이 몰고 나가겠노라 고집 피운다면 자기 자신과 승객 모두를 위험에 몰아넣게 된다.

―이륙 전에 연료를 가득 채워라. 바닥난 연료통으로 무작정 떠나서 연료를 가득 채워 돌아오기를 기대할 수는 없다. 상대가 여러분의 텅 빈 연료통을 채워 주지 않는다. 타인은 이미 내게 충만한 것을 함께하기 위해서만 존재한다. 자존감, 적당한 자기애, 자신감은 연인이나 배우자가 강화해 줄 수는 있어도 아예 없는 데서 뚝딱 만들어 주지는 못한다.

―조종간을 잡고 계기반, 표시등, 문자반에서 주의를 거두지 말라. 주의력을 늦추었다가는 언제 어디에 처박힐지 모른다. 자동조종 상태에서도 조종실 스태프는 긴장을 늦추지 않는다. 조종사는 비행 중에 잠들지 않는다. 조그만 이상신호라도 단박에 파악하고 즉시 대책을 세워야 하기 때문이다.

―기장에게는 모든 권한과 의무가 있다. 기장은 승객의 안전을 고려

하여 늘 최선의 결정을 내려야 한다. 기상이 악화되고, 엔진에 불이 붙고, 모든 표시등이 빨간색으로 깜박거려도 기장이 방향을 바꾸려 하지 않는다면 비극적인 참사가 일어나고 말 것이다. 여러분은 언제라도 방향을 바꿀 수 있다. 유턴을 해도 괜찮고, 예정에 없던 방향으로 비행기를 몰아도 괜찮고, 정 안 되겠으면 비상착륙을 시도해도 괜찮다. 불만스러운 관계를 무리하게 끌고 가기보다는 일단 멈춰 한 발짝 물러나 곰곰이 생각해 보고, 다시 방향을 잡는 편이 낫다.

─비행고도, 속도, 방향 등은 조종사가 비행 중에 수시로 확인해야 하는 요소다. 조종사는 관제탑에 이러한 정보를 주기적으로 전달하고 관제탑은 그러한 정보를 감안하여 새로운 지시를 내린다. 여러분의 양심이 바로 그 관제탑 구실을 한다. 그러니 수시로 양심에 비추어 생각해 보라. '그이는 이번 주에만 두 번이나 거짓말을 했어. 전화한다고 약속해 놓고 감감무소식이었고, 내가 그 얘기를 꺼내니까 되레 잔소리한다고 신경질을 냈지.' 여러분 양심의 관제탑이 뭐라고 지시를 내릴 것 같은가? '알았다, 오버, 계속 직진하라!'라고 할까?

─원만한 비행을 바란다면 이륙 전 안전점검은 필수다. 관계를 발전시키기 전에 다음과 같은 확신이 있어야 한다.

나와 사랑하는 사이가 될 그 사람은 정말로 내 행복을 바라고, 내게 상처를 주고 싶어 하지 않고, 내 감정을 존중해 준다는 확신이 있어야 한다.

그리고 가장 중요한 확신은 이것이다. 우리 사이에 무슨 일이 일어나든지 나는 정면 통과할 수 있다는 확신.

이러한 기본이 갖추어진 후에 비로소 다음과 같이 상대를 이해할 수 있다.

- 그 사람도 사람이다. 늘 완전할 수는 없다.
- 그 사람의 욕구 가운데 어떤 것은 그 사람이 나를 생각해 주는 방식을 설명해 준다.
- 그 사람은 나름대로 최선을 다하고 있다.

## 연애는 나와 그의 자기계발

기본적인 확신조차 들지 않는데 관계를 유지할 이유가 있을까? 만약 그럴 이유가 있다면 질문의 방향이 조금 달라진다. '어떻게 하면 내가 너무 괴롭지 않은 선에서 이 관계를 끌고 갈 수 있을까? 편안한 마음으로 전진하려면 나 자신에게 무엇을 해 줘야 할까?' 이 경우에는 관계에 대한 생각이 나 자신을 갈고닦는 일이 된다. 상대도 좋은 관계를 만들고자 하는 의지를 보여 준다면 그 사람이 곧 나의 자기계발 프로그램이 된다. 그 사람의 존재가 내가 탐구하고자 하는 바 안에서 울림을 얻는다.

여러분의 내면아이가 여러분의 정서와 생활을 좌우하게 해서는 안 된다. 내면아이는 어린 시절의 학대를 재생산하려는 경향이 있다. 내면아이가 아는 거라고는 자기가 받은 학대밖에 없기 때문이다. 마찬가지 맥락에서, 상대의 내면아이가 무엇을 기대하는지 파악할 수 있어야 한다.

파악만 하고 그 기대에 부응하지는 말라. 두 사람 사이의 작용을 언어로 표현하라. "당신은 내가 식사를 차려 주는 걸로 애정을 확인받고 싶어 하는 거 같아. 그런데 난 솔직히 요리가 싫어. 어쩌다 가끔 당신 식사를 차려 주는 건 나도 즐거워. 하지만 매 끼니를 내가 차리는 걸로 못박고 싶진 않아."


두 사람이 함께 살다 보면 싸울 일도 생긴다. 그러한 갈등도 의식과 존중을 통해 풀어 나갈 수 있다. 언성이 높아지거든 일단 멈춰라. 감정적으로 흥분한 상태에서 말싸움을 해서는 안 된다. 잠깐 물러서서 사태를 돌아보는 시간이 필요하다. 그런데 심리 조종자는 자기가 조장한 갈등으로 제 배를 불린다. 그는 사람들을 도발하고 벼랑 끝까지 밀어붙인다. 그는 여러분이 뚜껑이 열리든가, 미친 사람처럼 고함을 지르든가, 눈물을 쏟으며 주저앉아야 직성이 풀린다. 잊지 말자, 심리 조종자의 수작질은 여러분이 짜증이 올라온다 싶을 때 대화를 딱 끊어 버려야 들통난다.

그런데 사실적인 근거에 비추어 보아 상대에게 분명히 좋은 관계를 맺고자 하는 의지가 있고, 나에게 상처주려는 의도가 전혀 없다면 이 제 내가 나 자신의 감정에 책임을 져야 한다. 내가 느끼는 감정은 나의 것이다. 무채색의 현실을 우리가 우리 감정의 색깔로 물들이는 것이다.

예를 들어 10킬로미터에 달하는 정체 구간은 엄연한 현실이다. 이 현실 자체가 짜증을 유발하는 것이 아니다. 어떤 사람은 라디오를 듣거나 좋아하는 노래를 부르면서 별로 힘들이지 않고 그 구간을 통과한다. 하지만 어떤 사람은 경적을 울려 대고, 쌍욕을 퍼붓고, 한 뼘이라도 앞질러 보겠다고 용을 쓴다. 내 감정이 내 것이라면 나는 왜 이러한 기분을 느끼는 걸까? 내 안의 그 무엇이 반향을 일으키는 걸까?

진짜 자아와 거짓 자기 사이에는 세 겹의 방탄문이 있다고 했다. 그 세 겹의 문은 여러분이 꼭 살펴보아야 할 세 가지 감정에 해당한다.

－거부당할지도 모른다는 두려움: 나는 어떨 때 거부당했다고 느꼈

는가?

- 이해받지 못했다는 슬픔: 나는 사람들이 무엇을 이해해 주기를 원했는가?

- 자기답게 살지 못한다는 분노: 어떤 면에서 나 자신을 부정해야만 한다고 생각했는가?

누군가와 사랑으로 맺어지려면 자기 자신을 깊이 들여다보고 이 질문을 제기해야 한다. 부수적인 질문도 있다. '그이가 무슨 말을 하고 무슨 행동을 하면 내가 이 지긋지긋한 부부싸움을 끝내고 그이에게 사랑받는다는 확신을 갖게 될까?' 답이 나오면 배우자에게 그대로 전달하라. "여보, 이제 싸우기 싫어요. 내게 …라고 말해 주세요(혹은 …를 해 줘요). 그리고 당신도 말해 봐요. 내가 당신한테 어떻게 해 줬으면 좋겠어요?"

두 사람 모두 비꼬는 기색이나 내키지 않는 기색 없이 상대가 원하는 대로 해 준다면 가장 이상적이다. 부부가 모두 정신적 과잉 활동인이면 일종의 텔레파시처럼 이 과정이 절로 이루어지기도 한다. 그런 경우라도 자기가 무엇을 느꼈고, 개인적으로 어떤 점이 마음에 와 닿았고, 무엇에 대해서 용서를 구하는지 말로 설명해 주는 것이 좋다.

# 친구가 지금
# 내 상황이라면?

🖋 인간관계의 질을 판단하고 싶다면 적당히 거리를 둘 수 있어야 한다. 친구나 인간관계 전문가와 상황을 살펴보는 것도 괜찮은 방법이다. 특히 이 조언자가 정신적 과잉 활동인을 알아볼 수 있고 정서적 착취 혹은 심리 조종의 분위기를 빠르게 간파하는 사람이라면 큰 도움이 된다. 하지만 모두가 조언자를 둘 수는 없을 테니 여러분 자신이 적당히 거리를 두는 데 도움이 될 만한 도움말을 소개한다.

여러분과 가장 친한 친구가 지금 여러분의 상황에 있다고 상상해 보라. 그 친구에게 무슨 말을 해 주겠는가?

안은 이렇게 말했다. "남자친구가 전 여친과는 완전히 끝났다고, 만나지 않는다고 했어요. 엊저녁에 갑자기 그 말이 의심스러워지더군요. 뭐랄까, 본능이 경고하는 것 같았어요. 새벽 3시에 그 여자 집 앞에 가 보았는데 아니나 다를까! 그이 차가 떡하니 서 있더라고요. 앞 차창에다가 쪽지를 한 장 남기고 왔어요. 아직도 그 여자랑 만나는 거 다 안다고, 딱 그 말만 남기고 왔죠. 그랬더니 아침 8시에 당장 전화가 오더라고요. 네가 생각하는 그런 거 아니다, 전 여친이 자살하겠다고 난리를 피워서 자기가 그 집에 붙어 있을 수밖에 없었다, 뭐 그런 얘기를 늘어놓더라고요."

나는 물었다. "그래서 그 말을 믿어 줬어요?" 안은 오히려 내가 놀랍다는 듯이 당연하다는 말투로 대꾸했다. "그럼요!" 나는 도발적 요법을 선호하는 심리상담사답게 밀고 나갔다. "미쳤군요! 내가 그런 일을 당했다고 생각해 봐요! 남자친구가 옛날 여친이랑 다 끝났다고 했는데 도무지 그 인간 말에 믿음이 가지 않았어요. 그래서 새벽 2시에 전 여친 집 근처에서 얼쩡거렸어요. 남친 차가 밤새 그 집 앞에 주차되어 있었고요. 절교 선언을 했더니 남친이 그 여자가 자살 기도를 해서 어쩔 수 없었다고 변명을 했다면요!" 안은 인상을 찌푸리면서 이렇게 내뱉었다. "선생님 말씀이 맞아요, 말 같지도 않은 변명이네요."

내가 정말 아끼는 사람, 정말 소중한 친구가 지금 내가 하고 있는 것 같은 연애를 한다면 어떨까 상상해 보라.

더 나은 자존감, 적절한 거리, (심리 조종자들에게는 더욱더 민감하게 알레르기 반응을 일으키면서) 의식적으로 내 삶을 영위하겠다는 의지를 발판 삼아 여러분에게 피가 되고 살이 되는 관계를 구축할 수 있다.

나는 굉장히 행복하게 살아가는 정신적 과잉 활동인 커플을 여러 차례 만났다. 그들이 얼마나 예쁘게 만나고 사귀는지 모른다. 마치 앞서거니 뒤서거니 사이좋게 하늘로 날아오르는 두 개의 헬륨 풍선을 구경하는 기분이다. 여러분도 그렇게 유쾌한 연애를 했으면 좋겠다.

여러분의 애정생활은 균형 잡힌 생활의 중요한 한 축이다. 이제 일이라는 두 번째 축으로 넘어가 보자.

# 11장

# 일로 인생도 '프로'로

더 나은 세상, 박애 넘치고 공정한 세상을 원하는가? 그렇다면 그 세상을 만들기 시작하라. 무엇이 당신 발목을 잡는가? 당신의 마음속에, 당신 주변에, 당신과 뜻을 같이하는 사람들과 함께 그 세상을 만들어라. 작게 만든 세상이 훌쩍 커질 것이다.

ㅡ카를 구스타프 융

연애에서만 아마추어와 프로가 갈라지는 게 아니다. 집 정리, 장보기, 빨래에도 합리적이고 효율적인 노하우가 있지만 어떤 사람들은 일에 치여 산만하게 에너지를 낭비한다. 직업적인 커리어 관리에서 아마추어를 못 면한다면 그것이야말로 최악이다. 그런데 안타깝게도 정신적 과잉 활동인 중에서 그런 사람이 얼마나 많은지 모른다. 쌩쌩하게 돌아가는 머리가 아깝지도 않은가!

일단 학업 성적에 기복이 심한 사람이 있다. 또 우수한 성적을 받고 졸업했는데도 자기는 배운 게 없다든가, 그 학위(혹은 직업)를 소유할 자격이 없다고 생각하는 사람도 있다. 그리고 자신의 진정한 욕망에서 우러나서가 아니라, 주위 사람이나 거짓 자기의 욕망에 떠밀려 특정 직업에 종사하게 된 사람들이 있다. 간혹 자기가 좋아하는 공부를 열심히 하고 자기가 좋아하는 일을 열정적으로 하고 있는 사람도 있기는 하다. 그러나 정신적 과잉 활동인은 대개 자기 일을 따분하고 지긋지긋한 사막처럼 여기는 것 같다.

삶의 모든 영역에서 그랬듯이 이 영역에서도 형편없는 자존감이 여러분을 자꾸만 아래로 끌어당기고 복합적 사유에 어울리지 않는 직업으로 발목을 잡는다. 가령 일을 시작한 지 2년밖에 안 됐는데 더 이상 배울 것도 없고 호기심을 자극하는 부분도 없다고 치자. 당신은 능력에 비해 지나치게 단순한 일을 택한 것이다.

특히 여러분은 권력 다툼에 둔하고 회사의 가치관에 공감하기보다는 괴리감을 더 크게 느끼기 때문에 일을 통해서 자아실현에 이르기가 수월치 않다. 이제 프로다운 정신으로 자기 이력을 직시할 때다. 내가 건네는 몇 가지 양념을 직업인으로서의 생활에 더해서 제대로 맛을 내 보기 바란다.

프로 정신은 일을 더 많이 한다거나 회사가 원하는 방향을 취하는

것이 아니다. 진짜 프로답게 일한다는 것은 내 마음, 내 영혼이 하는
말을 경청하는 데서부터 시작한다.


## 100퍼센트의
## 나를 찾아

크리스틴 르위키는 『깨어나라!』에서 적성과 자질을 네 가지 영역으
로 구분해서 보라고 제안한다.

–무능 영역

할 줄 모르는 것, 남들보다 못하는 것이 다 여기에 해당한다. 이
영역에 해당하는 일은 맡지 않는 게 상책이고, 못한다고 주눅 들
필요도 없다.

–유능 영역

남들과 마찬가지로 잘해 낼 수 있는 일이 여기에 속한다. 이 영역
에서는 여러분과 동료가 서로 대체 가능하다. 따라서 여기서 여러
분의 능력은 딱히 예외적이지도 않고 주목받을 이유도 없다.

- 탁월 영역

탁월 영역에서 우리가 일에 쏟는 시간과 에너지는 훌륭한 결과로 보답 받는다. 보통은 이 영역에서 보상과 만족감을 얻는다. 지나치게 목표를 낮춰 잡은 게 아니라면 직업은 마땅히 이 영역에 위치하고 있어야 한다.

역설적이게도, 크리스틴 르위키가 기술한 탁월 영역이 피터의 법칙에서 말하는 무능 영역과 겹치기도 한다. 피터의 법칙을 기억하는가? 우리가 조직 내에서 열심히 일해서 얻어낸 자리가 바로 우리가 더는 올라가지 못하고 눌러앉게 된 자리다. 비교적 높은 자리에 올랐다 해도 어느 순간 한계에 다다랐다는 느낌이 들고 '나는 여기까지구나'라는 생각이 든다. 마흔에서 쉰으로 넘어가는 동안 차츰 그러한 생각에 숨이 막히고 우울해진다.

스티븐 프레스필드 말마따나 우리는 아마추어로서 '그림자' 인생을 살면서 수면장애, 우울증, 사기꾼 증후군을 만나고, 그렇기 때문에 중독에 빠지거나 충동에 휩쓸릴 위험은 커져만 간다. 스티븐 프레스필드는 '그림자' 인생에서 성공하는 것이야말로 우리에게 닥칠 수 있는 가장 큰 비극이라고 했다. 그 인생은 외면적으로는 눈부시게 빛나지만 속으로 곪아 가고 우울해한다. 우리가 진정한 우리 인생을 살지 않고 있다는 사실이 휘황찬란한 빛에 가려 보이지 않는다.

－천재 영역

진짜 인생은 천부적 재능이 있는 영역, 100퍼센트 나 자신이 되는 분야, 그 누구도 대체할 수 없고 비교 대상조차 되지 못하는 내 자리에 있다. 창조 행위가 개인성의 표현, 내적인 자신의 계시인 이상, 창조적인 힘은 전달될 수 있는 것이 아니다. 여러분이 천부적인 재능을 지닌 영역에서는 아무도 여러분을 대신할 수 없다. 그 영역을 찾는 것이 관건이다.

시간이 어떻게 가는지도 모르게 푹 빠질 수 있는 일, 여러분을 가슴 떨리게 하는 일이 이 영역에 속한다. 그런 일을 하면 여러분의 심장과 영혼이 노래한다. 그런 일에 원 없이 몰두한 날은 두 다리를 뻗고 단잠을 잘 수 있다.

# 몸－정신－가슴－영혼의 대화

우리가 천재 영역에 진입하려 할 즈음 으레 그 길을 가로막고 있는 내면의 비판자와 다시 마주친다. 내면의 비판자는 길길이 뛰면서 어떻게든 우리를 돌려보내려 든다. "뭐야, 너! 주제 파악을 하라고!" 이리하여 일종의 거부반응, 스스로 최선을 다하지 않는 자기 방해가 나타난다. 편안하고 익숙한 영역에서 벗어나 미지의 영역으로 뛰어들기가 두렵고 자신 없기 때문이다. 사기꾼이 된 것 같은 감정도 증폭된다. 뭔가 잘못됐어, 내가 이렇게 재주 많고 빼어난 사람일 리가 없잖아!

여러분의 거부반응을 이렇게 처리하면 어떨까? 여러분의 몸과 정신과 가슴과 영혼을 건설적인 대화에 초대해 보라.

두려움은 몸이 느낀다. 몸이 어떤 생각을 자기 것으로 받아들이고 소화하려면 시간이 필요하다. 눈 깜짝할 사이에 꿈이 구체적인 계획이 되고, 계획이 다시 현실이 되지는 않는다. 요컨대, 정신이 몸보다 너무 앞서 나갈 위험은 늘 있다. 몸의 시간을 존중해 주자. 몸이 정신을 따라잡을 때까지 느긋하게 기다려 주자. 너무 서두르다가는 우발적 사고나 질병에 발목을 잡힐지 모른다.

정신에는 이런저런 제한을 두는 신념과 가치판단이 있다. 건설적인 비판만 하려고 노력하자(『나는 생각이 너무 많아』에서 월트 디즈니의 창의성 전략 부분을 다시 한 번 보라).

제한을 가하는 신념은 다음 세 수준으로 구분해서 고려해야 한다.

– 가능성/불가능성 수준: 할 수 있다고 생각하는가, 할 수 없다고 생각하는가. 제한을 가하는 신념 가운데 이 수준의 신념이 가장 처리하기 쉽다. "모두 그게 불가능하다고 알고 있었다. 어느 날 그것도 모르는 바보가 나타났고, 그 바보는 결국 해냈다."(마르셀

파뇰) 나는 이 말을 좌우명으로 삼았다. 불가능을 모르는 바보가 되어 기어이 해내면 그만이다.

─역량/무능 수준: 내가 해낼 만하다고 생각하는가, 그렇게 생각하지 않는가. 여러분은 어떻게 생각할지 모르지만 누구에게나 자기가 원하는 일을 해낼 역량이 있다. 복합적으로 생각할 줄 아는 여러분은 뭐든지 빨리 배운다.

다만 첫째, 그 일이 여러분에게 흥미롭게 보이고 둘째, 잘 배우면 쓸모가 있겠다는 생각이 들어야 한다. 두 전제 조건에 맞기만 하면 여러분의 학습은 일사천리다. 간단한 일을 복잡하게 꼬아서 생각하지 말라. 여러분의 심리 구조로 배우지 못할 것은 없다. 느긋하게 마음을 먹어라. 우리가 필요로 하는 것은 살아가면서 다 배우게 되어 있다. 정말 할 수 있느냐고? 있고말고!

─자격 있음/자격 없음 수준: 내가 어떤 것을 누릴 자격이 있다고 생각하는가, 그렇지 않다고 생각하는가. 이게 바로 해체하거나 처리하기가 가장 껄끄러운 수준의 신념이다. 넬슨 만델라는 우리 모두 각자의 빛을 드러내야 한다고 주장했다. 여러분의 빛을 발하여 세상을 더 낫게 만들 수 있다면 가히 해 볼 만한 일 아닌가!

여러분의 가슴속을 들여다보라. 진짜 나다운 삶을 살지 못하는 슬픔이 보이거든 위로가 시급하다. 그러고 나서 다시 내 직관, 흥, 거부감으로 돌아가라. 반드시, 심장이 하는 말을 들어야 한다. 똑똑한 사람은 자기 견해를 재고할 줄 알되 자기 느낌을 믿는 사람이다.

여러분의 영혼은 자기가 무엇을 하러 지상에 왔는지 알고 있다. 영혼이 이끄는 대로 자신을 내맡기기만 하면 된다. 영혼은 거짓 겸손에 얽매이지 않고 나래를 펴기 원한다. 여러분의 영혼은 세상에 자취를 남기고 싶어 한다. 그 영혼은 함께 나누고 싶은 메시지와 쓸모 있는 존재가 되고 싶다는 욕구를 품고 왔다.

자아가 비대하게 부풀려진 탓에 그런 갈증을 느끼는 게 아니다. 영혼이 느끼는 감정은 되레 의무감에 가깝다. 그렇다, 의무감. 나래를 펴지 못하는 영혼은 괴로워한다. 여러분의 영혼은 세상을 자기 눈에 비치는 그대로 받아들이지 못한다. 그 영혼은 이 세상에 아직 없는 것을 가져다주고 싶어 안달한다. 그 영혼은 부화뇌동하지 않고 자기가 갈 방향으로 스스로 정하고 싶어 한다. 그 영혼은 남들의 반응에 신경 쓰지 않는다. 피상적인 재밋거리에 흔들리지 않고 자기 목표에 집중할 준비가 다 되어 있다. 그 영혼은 자기 생의 사명을 찾았다 싶은 순간부터 맹렬하게 일할 것이다.

# 다시,
# 꿈을 꾸자

일생의 사명을 찾거나 되찾는 데 도움이 될 얘기를 해 보겠다.

- 겸손하면서도 오만한 사람이 되어야 한다. 당신이 발견한 세상을 될 대로 되라고 내버려두지 말고, 거대한 빙산을 숟가락으로 깎아내듯 조금이라도 변화를 도모하라. 이게 바로 눈덩이의 법칙이다. 작은 눈뭉치를 만들고 제 리듬대로 굴러가게만 하라.

- 명철하면서도 광신적인 사람이 되어야 한다. 현실을 객관적으로 바라보는 눈이 지도라면, 직관은 나침반이다. 앞에서 말한 세 가지 소외를 잘 처리하여 여러분의 직관이 수면으로 떠오르게 하라.

- 어린 시절의 꿈으로 돌아가 그 꿈의 본질을 끌어내자. 여러분의 영혼은 오래전부터 이 땅에 무엇을 하러 왔는지 알고 있다. 어린 시절의 당신은 이미 그 계획을 전달받았다. 이제 아이가 감지한 그것을 실제로 옮기는 것이 어른의 몫이다. 내 경우에는 열 살 때 작가가 되고 싶다는 꿈을 꾸었다. 하지만 자기계발서를 쓰는 사람이 되리라고는 생각지도 못했다.

–배제하지 않고 포괄적으로 선택하는 법을 배우자. 복합적 사유
는 일견 대립적으로 보이는 것을 공존시킬 수 있다는 장점이 있
다. 우리 상담실을 찾은 사람 중에서도 인생의 사명을 찾은 사람
은 드물다. 그 이유는 이 사명을 구성하는 요소가 서로 모순적이
고 대립된다고 보기 때문이다.

뤼카는 와인 양조 전문가 자격증을 취득했다. 그는 그 자격증으로
뭘 해야 좋을지 몰라 고민이 많았다. 양조 일에만 전념하고 싶은 마음
도 컸다. 그는 다양한 품종을 블렌딩하거나 와인이 숙성되어 가는 과
정을 지켜보는 작업을 무척 좋아했다. 하지만 소비자를 직접 만나는
소믈리에나 카비스트가 되어 와인에 대한 열정을 나누고 싶다는 생각
도 없지 않았다. 뤼카는 음악도 좋아해서 친구들과 밴드를 만들어 활
동하고 있었다.

나는 그에게 유서 깊은 포도원에서 일해 보면 어떻겠느냐고 조언
했다. 와인을 못 말리게 좋아하는 양조 전문가로서 전공을 살릴 수도
있고, 포도원을 찾는 관광객들에게 가이드 노릇을 하면서 시음을 권
할 수도 있을 터였다. 유서 깊은 포도원에는 바나 레스토랑이 딸려 있
으니 경우에 따라서는 소믈리에가 될 수도 있다. 양조학 강의를 하거
나 주말 밴드 활동을 할 수도 있지 않을까? 내 말에 뤼카의 눈이 빛났
다. 자기가 좋아하는 일을 모두 다 할 수 있겠다는 희망의 빛으로!

제레미는 할 줄 아는 게 없다고 했다. 자기가 가진 거라고는 국제법 석사 학위뿐이라고 했다. 그는 어느 단체에서 별 흥미도 없는 일을 하면서 따분해하고 있었다. 우리는 함께 제레미의 진로를 탐색했다. 그는 국제법을 정말 좋아했지만 영어를 원어민 뺨치게 하지 않는 이상 학위가 별 소용이 없다고 했다. 영어권 국가 체류 경험이 사실상 필수적이었다. 법조계 경험을 쌓고 싶은 생각도 있었다. 그러자면 학위 말고도 몇 가지 자격을 더 갖추어야 했다.

하지만 제레미가 더 나은 미래를 꿈꿀 때마다 내면의 감시자가 대뜸 고개를 쳐들었다. "하나만 해, 하나만! 네가 뭐라고 이것저것 일을 벌려? 괜히 산만해지기만 할 뿐이야." 제레미가 원하는 것을 통합적인 하나의 계획으로 수렴시킬 필요가 있었다.

제레미는 캐나다로 어학연수를 떠나기로 했다. 그곳 법률사무소에서 아르바이트를 하면서 국제법 전문가로서 경험을 쌓고 캐나다 대학원에도 등록하기로 했다. 오랫동안 권태에 찌들어 있던 뇌가 드디어 깨어나 빠릿빠릿하게 돌아가기 시작했다. 마침내 제레미의 두뇌에 어울리는 도전 과제가 생긴 것이다! 그의 영혼이 노래하기 시작했다. 그는 아직은 자기 인생의 사명이 뚜렷이 보이지 않지만 맞는 방향으로 나아가고 있다는 확신이 든다고 했다.


카를 구스타프 융은 우리가 선택하는 인생의 기원과 의미는 우리가 이 땅에서 성취해야 하는 사명에 있다고 했다. 달리 말하자면, 우리는 나이를 먹을수록 왜 그런 공부를 했고, 그런 책을 읽었고, 그런 대의를 지지했고, 그런 사람들을 만났고, 그런 여행을 했는지 스스로 이해하게 된다. 우리 인생을 결정짓는 원인을 우리 자신의 미래에서 만난다고 할까. 세월이 흐르면서 미래는 조금씩 모습을 드러내고 그와 동시에 우리 인생의 의미도 드러난다. 융은 이처럼 대담한 시각을 취하며 시간의 흐름을 뒤집어 놓는다. 그는 결과(우리의 선택)를 원인보다 시간적으로 앞에 놓는다.

아직까지는 여러분 인생의 사명이 완전히 명확하지 않을지라도 가슴과 영혼의 소리를 듣고 그 소리가 이끄는 대로 따라가면 틀림이 없다. 여러분에게 필요한 것은 열정, 끈기, 행동, 비전이다. 지금의 불만족을 원동력으로 삼아 보자.

일생의 사명을 만나면 여러분의 고질병, 즉 늑장 부리고 뒤로 미루는 버릇이 마법처럼 사라진다. 일부러 애쓰지 않아도 철저한 자기 관리가 자리 잡힌다. 물론 의심, 두려움, 사기꾼이 된 것 같은 감정은 여러분이 그 길을 걸어가는 내내 가시지 않는다. 그 길동무들이 그렇게 쉽게 내뺄 것 같은가. 스티븐 프레스필드는 아마추어와 프로의 차이가 딱 하나라고 했다. 아마추어는 두려움을 느끼고 싶지 않아서 자질구레한 재밋거리로 도피하지만, 프로는 자신의 두려움을 매일같이 마주한다. 프로답게 행동한다는 것은 자신의 두려움, 자기 의심을 회피하지 않고 그럼에도 전진하는 것이다.

우리는 매일 아침 우리 생을 결심한다. 아마추어는 요만큼 노력했으니까 요만큼 보상이 따르기를 기대한다. 프로는 생애 최후의 날까지 늘 변함없이 노력해야 할 의무에서 결코 벗어날 수 없음을 안다. 다행히도 일생의 사명을 찾은 사람에게는 노력이 기운 빼는 고난이 아니라 새록새록 샘솟는 기쁨이다.

## 나만의 리듬을 따라

🌱 여러분의 직업이 자아실현에 부응하려면 몇 가지 기준을 충족시켜야 한다. 우선 내가 계획하는 일이 실현 가능하되 특정한 태도를 요구하는 도전 과제라야 한다. 다음으로, 내가 내 행동을 관리하고 통제할 수 있어야 한다. 또 내가 확실히 집중할 수 있는 일이라야 한다. 그 일을 할 때면 완전히 푹 빠져서 시시한 오락거리 따위는 눈에 들어오지도 않는다. 시간이 어떻게 가는지도 모르겠다. 마지막으로, 겨냥하는 목표가 분명하고 내가 하는 만큼 결과가 보여야 한다. 이 세상에 쓸모 있는 일을 한다는 느낌이 들면서 내 수준에도 잘 맞아야 한다.

실패 못지않게 성공을 두려워하는 정신적 과잉 활동인이 많다. 실패는 자존감을 갉아먹는다. 하지만 안심하라. 일생의 사명에서 너무 동떨어졌을 때에만 참다운 의미의 실패라고 말할 수 있다. 여러분이 여러분답게, 여러분의 천재 영역에서 일할 때에는 매사가 원만하고 수월하다. 성공에 대한 두려움에도 분명히 근거가 있다. 갑작스럽게 성공한 탓에 겁이 나고 앞으로 어떻게 해야 할지 막막할 수도 있다.

하지만 여기에는 순전히 내가 잘해서 성공했다는 생각이 깔려 있다. 성공이 순전히 자기 덕이라고 생각하는 사람은 이후의 실패도 순전히 자기 탓이라고 생각할 것이다. 지나친 개인적 성공은 자아를 비대하게 부풀리기 때문에 위험하다. 자기 사명을 찾고 그 인도를 따르는 사람은 성공도 세상 모두에게 감사하는 마음으로 겸허하게 받아들일 줄 안다.

혼자 일하는가? 여럿이 함께 일하는가? 월급을 받고 일하는가, 누군가와 동업을 하는가? 직원들을 이끄는 입장인가, 따라가는 입장인가? 구체적인 상황은 여러분 하기 나름이지만 인간적인 경영을 하는 회사, 자율적 위치나 책임 있는 위치, 예외적 직위, 내가 가진 정보와 지식을 전달하거나 가르칠 수 있는 일을 택하기 바란다.

그리고 어떤 경우든 목표를 높게 잡아라! 대장 노릇 하기 좋아하는 침팬지들과 포악한 맹수들을 경계하라. 여러분이 일하는 세상이 사바나라고 생각해 보라. 기운차게 능력을 발휘하다 보면 얌체 같은 인간들이 꼬인다. 여러분에게는 프리랜서나 개인 사업이 잘 어울린다. 자기 리듬에 맞게 일할 수 있고(다시 말해, 약간 과로한다 싶을 정도로!), 창의성을 발휘할 수 있으며, 본인의 개성과 가치관에 맞는 일을 하기가 좋으며, 특유의 멀티태스킹 능력을 활용할 수 있기 때문이다. 복합적 사유는 멀티태스킹을 즐긴다. 일에 맞는 보수를 챙길 권리, 자신의 뛰어난 능력을 유감없이 발휘할 권리만 망각하지 않는다면 아무 문제 없다.

여러분은 리더로서도 자질이 있다. 침팬지들이 권력을 잡는 경우가 많지만, 그들이 권력을 행사하는 방식은 윤리적이지 못하고 우악스러우며 사리사욕에 치우쳐 있다. 지배자만이 사람들에게 영향력을 행사할 수 있다고 생각하는 것은 편견이다. 두려움이나 원한을 사지 않고도 얼마든지 위대한 리더가 될 수 있다.

공감 능력과 이타적인 자세는 권위를 더해 준다. 지금 세상에는 윤리적이면서도 카리스마 있는 리더가 몹시 필요하다. 이제 여러분은 정치놀음의 규칙을 이해했기 때문에 더 이상 거기에 휘말려 피를 볼 일이 없다. 나는 정치에서도 결국 최고의 묘수는 진정성이라고 믿는다. 하루가 멀다 하고 위선자, 사기꾼, 거짓말쟁이의 민낯이 까발려질 만큼 신속하게 정보가 널리 퍼지는 세상이니, 여러분은 여러분 자신이기만 하면 된다. 애초에 민낯으로 살면 더 이상 밝혀지고 말고 할 것도 없다.

정신적 과잉 활동인은 존중과 능력의 리더십을 갖고 있기에 '수평적' 네트워크를 만들어 나가기에 유리하다. 서로 이어져 있다는 생각이 강력할수록 행복하고 실제로도 큰 힘을 발휘한다. 공동체 의식을 가진 사람들은 정신적으로나 육체적으로나 건강하게 오래 산다는 연구 결과도 있다. 여러분은 사람과 사람을 이어 주는 접합제로서 큰 역할을 담당할 수 있을 것이다. 공감과 연대 의식이 없다면 인류는 멸망할 것이다.

사랑이라는 기둥과 일이라는 기둥을 굳건히 세우면 그 인생은 걱정할 필요가 없다. 여러분 한 사람 한 사람이 전설이 되기 위해 나아가는 그 길에 이 책이 도움이 되기를 바란다.

# 이제 나도
# 행복해질 수 있어요!

자, 이제 끝까지 왔습니다. 대충 넘겨보지 않고 내 옆에 바짝 붙어 지금까지 잘 따라왔다면, 넘쳐 나는 생각을 더 좋게 만드는 방법들을 손에 넣었을 거예요. 그리고 지금까지 내가 제시한 실마리들을 여러분이 실제로 탐색할 나날은 앞으로 얼마든지 있을 겁니다.

그럼 다시 정리해 볼까요. 나는 생각이 많은 여러분에게 다음과 같은 조언을 제시했습니다.

-민감하고 연약한 감각 체계를 잘 돌보세요.
-남들의 말이나 주변에서 일어나는 사건을 지나치게 중요하게 생각하지 말아요. 적당히 거리를 두세요.
-자존감을 강화해 내면의 오뚝이가 쓰러지지 않게 하세요.

-본연의 자기 모습을 기억하세요.

-자신의 남다른 두뇌 구조를 부정적으로 받아들이지 마세요.

-우리가 살아가는 이 세상의 관습을 이해하세요.

이러한 기반 위에서 인생 계획을 세우세요. 건강하면서도 열정적인 연애, 인생의 사명과도 같은 일을 반드시 인생 계획에 넣고요. 이 내용은 각별히 강조하고 싶네요.

아, 깜박 잊을 뻔했네요. 여러분은 너무 똑똑하거나, 영재성을 보이거나, 풍부한 지적 잠재력을 드러낸 탓에 이미 영재반이나 명문학교를 들락거리며 끔찍한 경험을 했을지도 모르겠군요. 이미 별의별 지능검사를 다 받아 보았고, 온갖 종류의 약을 복용했을 수도 있고요.

하지만 나는 여러분을 이해하고자 하는 마음으로 이런저런 단서에 매달렸고 그 과정이 정말 즐거웠습니다. 정신적 과잉 활동이 문제가 된다는 사실조차 잊었을 정도로요. 여러분이 매일같이 보내 주는 흥미로운 의견과 감상에 다시 한 번 감사를 표합니다.

여러분에게 입맞춤을 보내며!

# 참고문헌

Adda Arielle et Cartroux Hélène, *L'Enfant doué, l'intelligence réconciliée*, Éditions Odile Jacob, 2003.

André Christophe, *Psychologie de la peur*, Éditions Odile Jacob Poches, 2005.

Aron Elaine, *Le Bourreau intérieur*, Éditions Eyrolles, 2012.

Attwood Tony, *Asperger's Syndrome: A Guide for Parents and Professionals*, Jessica Kingsley Publishers, 1998(토니 애트우드, 아스퍼거 증후군, 이효신 외 옮김, 시그마프레스, 2010).

Austerman Bettina et Alfred R., *Le Syndrome du jumeau perdu*, Éditions le Souffle d'or, 2007.

Bourit Christian, *Votre vie est un jeu quantique*, Éditions Quintessence, 2014.

Burchard Brandon, *The Millionare Messenger*, Free Press, 2011(브랜든 버처드, 메신저가 되라, 위선주 옮김, 리더스북, 2012).

Casilli Antonio, *Les Liaisons numériques : vers une nouvelle socialisation*, Éditions du Seuil, 2010.

Dacquay Patrick, *Paroles d'un grand–père chaman*, Éditions Véga, 2014.

Dupagne Dominique, Dr, *La Revanche du rameur*, Michel Lafon, 2012.

Grandin Temple, *Ma vie d'autiste*, Odile Jacob Poches, 2001.

Haddon Mark, *The Curious Incident of the Dog in the Night-Time*, Vintage Contemporaries, 2004(마크 해먼, 한밤중에 개에게 일어난 의문의 사건, 유은영 옮김, 문학수첩리틀북스, 2005).

Holliday Willey Liane, *Pretending to be Normal*, Jessica Kingsley Publishers, 2014(리안 홀리데이 윌리, 아스퍼거 증후군이 아닌 척하다, 김민석 외 옮김, 시그마프레스, 2014).

Imbert Claude, *Un seul être vous manque… auriez–vous eu un jumeau?*, Éditions Visualisation Hollistique, 2004.

Laborde Genie, *Influencing with Integrity*, Syntony Publishing, 1983.

Landman Patrick, *Tristesse business : le scandale du DSM–5*, Éditions Max Milo, 2013.

Lewicki Christine, *J'arrête de râler*, Éditions Eyrolles, 2011.

Lewicki Christine, *Wake up!*, Éditions Eyrolles, 2014.

Manné Joy et Hellinger Bert, *Les Constellations familiales*, Éditions Jouvence, 2013.

Morin Edgar, *Introduction à la pensée complexe*, points Essais, 2014(에드가 모랭, 복잡성 사고 입문, 신지은 옮김, 에코리브르, 2012).

Perrin Gersende et Francis, *Louis, pas à pas*, Le Livre de Poche, 2013.

Peter Laurence, Hull Raymond, *The Peter Principle*, HarperBusiness, 2009(로렌스 피터, 레이먼드 헐, 피터의 원리, 나은영 · 서유진 옮김, 21세기북스, 2009).

Pressfield Steven et Shawn Coyne, *Turning Pro*, 2012.

Révil Sophie, *Le Cerveau d'Hugo*, film documentaire, 2012.

Rosnay (de) Joël, *Le Macroscope*, Le Livre de Poche, 1975.

Rosnay (de) Joël, *L'Homme symbiotique*, Éditions du Seuil, 1998.

Shepard Zoé, *Absolument dé–bor–dée*, Points, 2011.

Shepard Zoé, *Ta carrière est fi–nie*, Points, 2011.

Stutz Phil, Michels Barry, *The Tools*, Spiegal&Grau, 2012(필 스터츠, 배리 미첼스, 툴스, 이수경 옮김, 21세기북스, 2012).

Zazzo René, *Le Paradoxe des jumeaux*, Éditions Stock, 1984.

Zeland Vadim, *Reality Transurfing*, O Books, 2008(바딤 젤란드, 리얼리티 트랜서핑, 박인수 옮김, 정신세계사, 2009).